LA
LÉGITIMITÉ

ET

LE PROGRÈS

PAR

UN ÉCONOMISTE

> L'homme sera d'autant plus digne de la liberté qu'il sera plus religieux et plus moral; il aura d'autant moins besoin d'un frein extérieur qu'il en trouvera un plus puissant dans sa propre conscience.
>
> (Balmès, t. III, p. 309.)

> La légitimité seule peut regarder la liberté en face.
>
> (De Chateaubriand.)

BORDEAUX

FÉRET ET FILS

15, Cours de l'Intendance

JANVIER 1871

LA LÉGITIMITÉ

ET

LE PROGRÈS

ANGOULÊME

IMPRIMERIE CHARENTAISE DE A. NADAUD ET Cⁱᵉ

REMPART DESAIX, 26

LA
LÉGITIMITÉ

ET

LE PROGRÈS

PAR

UN ÉCONOMISTE

L'homme sera d'autant plus digne de la
liberté qu'il sera plus religieux et plus moral:
il aura d'autant moins besoin d'un frein extérieur
qu'il en trouvera un plus puissant dans sa propre
conscience.

(BALMÈS. t. III, p. 509.)

La légitimité seule peut regarder la liberté
en face.

(DE CHATEAUBRIAND.)

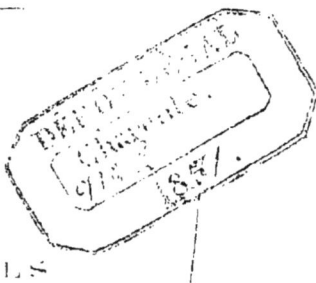

BORDEAUX

FÉRET ET FILS

15, Cours de l'Intendance

—

JANVIER 1871

ERRATA.

Page 3, ligne 27, supprimer les deux-points.
Page 81, ligne 7, après le mot Messieurs, ajouter une virgule.
Page 99, titre, *lire :* ET DE PUISSANCE MORALE A L'EXTÉRIEUR.

M. Guizot dit quelque part, en parlant de notre temps :

« Les épreuves ont amené les chutes, les tenta-
« tions ont fait éclater les faiblesses ; la profondeur
« des revers a donné la mesure de la gravité des
« périls. Depuis bientôt un siècle trois générations,
« les partis et les individus, ont été en proie à des
« variations, à des corruptions, à des troubles
« inouïs dans leur pensée et leur conduite. Les
« déceptions ont égalé les prétentions, les déser-
« tions ont surpassé les témérités. Jamais plus grand
« spectacle n'a été mêlé de plus funestes et tristes
« scènes. Cependant, au milieu de ces vicissitudes
« contradictoires, sous cette fermentation obscure
« et impure, il y a toujours eu en France, depuis
« la fin du XVIIIᵉ et dans tout le cours du XIXᵉ siè-
« cle, un vrai et constant sentiment public, un dé-
« sir et un effort intime vers un but permanent et

« légitime. Sous tous les régimes et en dehors de
« tous les partis, il y a un parti du bon sens et du
« sens moral. Un parti des honnêtes gens et des es-
« prits modérés voulant le respect de tous les droits
« divers et le développement à la fois libre et régu-
« lier de toutes les forces saines de l'humanité;
« parti sans cesse froissé, trompé, égaré, vaincu et
« battu en apparence, mais toujours subsistant et
« renaissant malgré ses fautes et ses revers, ses
« mécomptes et ses découragements; timide et in-
« quiet, mais vrai et persévérant, représentant du
« vœu national et de la bonne cause au milieu des
« problèmes et des orages de la civilisation euro-
« péenne. »

C'est à ce grand parti du bon sens et du sens
moral que sont adressées ces lignes : les destinées
de la France sont aujourd'hui entre ses mains; c'est
à lui de la sauver.

Jamais à aucune autre époque de l'histoire du
monde, les grands problèmes que soulèvent les
questions religieuses et sociales ne se sont posés à
l'individu et à la société en des termes plus absolus,
avec une gravité plus impérieuse, avec des conséquences plus importantes et plus immédiates. C'est
que l'intelligence du genre humain a mûri dans la
lutte successive des âges qui nous ont précédés; une
question posée par un siècle a été poussée par une
autre jusqu'à ses conséquences extrêmes; tout est
élucidé maintenant pour le penseur; il ne reste de
malentendus que ceux que l'on entretient de mau-

vaise foi, et d'obscurités que pour ceux qui repoussent la lumière.

Les ennemis les plus violents de la société ont été contraints par la logique de démasquer leurs batteries; les aveux les plus crus leur sont échappés en maintes occasions. Ils attaquent à la fois toutes les convictions honnêtes, tous les intérêts légitimes, tous les droits établis, toutes les bases de la morale sociale et individuelle, et c'est le même philosophe qui a dit : « *Dieu c'est le mal,* » et « *la propriété c'est le vol.* »

Eh bien ! comme M. de Barante, et avec lui le R. P. Gratry, dans son discours de réception à l'Académie française, « nous n'admettons pas que « la frivolité, le mensonge, le cynisme, le liberti- « nage de l'esprit, le mépris de tout le passé de la « France et de l'humanité, la haine du christia- « nisme, constituent jamais un des siècles de notre « histoire. Ce n'est là que l'écume impure accumu- « lée à la surface. »

Ce qu'ils disent du XVIIIᵉ siècle, disons-le du XIXᵉ, et sous cette écume cherchons l'âme de la France; nous la trouverons toujours grande, noble et progressive.

Cette âme de la France, c'est le souffle divin qui anime, soutient, éclaire et encourage dans les circonstances les plus critiques et les plus décisives : ce grand parti du bon sens et du sens moral que définit si bien M. Guizot.

Au milieu de ce travail de fermentation qui dure

depuis près d'un siècle, il semble que l'un des signes les plus caractéristiques du temps où nous vivons soit son besoin de conclure, d'étudier à fond et de bonne foi une question philosophique ou sociale pour arriver à une opinion sérieuse, à une solution vraie, à une conclusion définitive, et c'est là surtout que se manifeste l'esprit si sûr et si pratique, malgré sa vivacité, du peuple français. Or, toutes les questions ont été agitées dans la période révolutionnaire que nous traversons, bien des confusions ont été entretenues à dessein dans les choses et dans les mots ; mais la lumière se fait tous les jours : on étudie de bonne foi l'histoire et les institutions du passé ; on admire les libertés locales dont jouissaient nos aïeux ; on comprend mieux la sage indépendance et la haute influence de nos États généraux, la majesté, la grandeur d'âme, le patriotisme éclairé et persévérant de nos souverains. Les haines s'apaisent, les expériences et les expédients fatiguent à la longue, les questions s'élucident peu à peu, et déjà tout semble indiquer que la solution définitive de notre grande révolution tournera au profit de l'équité, de la justice et de la vérité.

La révolution religieuse du XVIe siècle a arboré un faux drapeau de liberté et s'est accomplie par la violence. Princes ambitieux et réformateurs corrompus s'étaient donné la main pour tyranniser les âmes au nom de l'indépendance humaine, et pour assouvir leurs appétits grossiers sous prétexte de purifier la doctrine évangélique. Au fond, les prin-

ces qui protégèrent les débuts de la réforme n'a-
vaient d'autre but que de s'attribuer sur leurs
sujets l'autorité spirituelle en même temps que
l'autorité temporelle, et de créer ainsi le despotisme
le plus odieux sous prétexte de liberté.

La révolution politique commencée en France il
y a quatre-vingts ans est partie d'une confusion
analogue; elle se vante des principes de 89, mais
ils lui sont antérieurs, et il y a longtemps qu'ils seraient devenus, sans elle, la base véritable et sincère de notre droit public. Les révolutions, en général, sont la punition des peuples rebelles, qui n'y
gagnent que le despotisme, mais celle dont nous
parlons a un caractère spécial; elle est née du scepticisme et de l'incrédulité; elle forme donc un obstacle au développement de la loi moderne, fondée
sur les révélations du Christ, car la liberté a été
incontestablement apportée au monde par la civilisation chrétienne, qui a substitué le respect volontaire du droit à la compression arbitraire de la force.
Il y a dix-huit siècles que le christianisme lutte
pour la liberté, et c'est encore dans l'intérêt de la
véritable liberté qu'il combat de nos jours. (Voir
note I.)

En réalité, la Révolution n'est que la dernière
convulsion des traditions du paganisme vaincues
par la loi nouvelle. La société actuelle est en voie
de transition; elle passe d'un monde christiano-
païen à un monde tout à fait chrétien. Le divin
Rédempteur, en venant apporter au monde le ré-

gime de la justice, a voulu qu'elle fût d'abord prêchée à l'individu et reconnue devant le tribunal de
la conscience privée (autant du moins que les infirmités de la nature humaine et la lutte éternelle du
bien et du mal le permettent); mais cela ne suffit
pas : il faut maintenant que, sous la pression de
l'opinion publique ainsi épurée, notre état social
reçoive le couronnement de la transformation progressive due à l'influence du christianisme. Les
études sérieuses et de plus en plus répandues dont
les lois économiques et sociales sont l'objet depuis
près d'un siècle auront pour résultat, malgré les
mauvaises passions des uns et les folles utopies des
autres, d'amener peu à peu dans les rapports économiques et dans le jeu des institutions sociales le
règne des grands principes de justice, de liberté et
d'amour apportés au monde par le Christ.

La question sociale et la question religieuse sont
donc solidaires : beaucoup d'esprits d'élite le comprennent de nos jours, et M. Guizot n'est pas le
seul protestant qui ait pris en main la cause de la
papauté attaquée par la Révolution; M. Prescott-
Ward, protestant américain, a écrit sur le même
sujet une lettre très remarquable (voir note II);
mais il est un fait plus caractéristique : on raconte
qu'un juif, refusé par le comité de recrutement
hollandais à cause de sa religion, est allé à Rome
demander au Pape son incorporation dans les
zouaves pontificaux : « Je suis israélite, a-t-il dit à
« Pie IX, mais ce n'est pas seulement la cause de

« la foi catholique qui est engagée à Rome, c'est
« aussi celle de l'honneur et de la conservation du
« monde entier et de ses intérêts qui va y être dé-
« cidée, et je demande à la défendre. » La question
ainsi posée devant le bon sens des nations, nous
avons la plus grande confiance dans la solution
définitive qui lui est réservée, et nous comptons
voir bientôt le rétablissement définitif de l'ordre
divin dans le monde religieux, dans le monde social
et dans le monde politique.

Proudhon, que nous aimons à citer, a dit quelque part :

« Les idées ne se combattent que par des idées ;
« en conséquence, pour avoir raison des partis
« il n'est qu'un moyen, c'est d'en former un qui
« les engloutisse tous.... Nier, dans l'économie ac-
« tuelle de la société, la nécessité (ou du moins
« l'existence) des partis, impossible. Leur imposer
« silence par des moyens de police, ou leur don-
« ner le change par la guerre ou les aventures,
« impossible. Il reste que l'un quelconque de-
« vienne l'instrument d'absorption de tous ; c'est
« cela qui est possible. » (*La Révolution sociale démontrée par le coup d'État du 2 décembre*, p. 235 et
236.)

Ce parti qui doit les absorber tous, c'est le grand
parti des honnêtes gens de toutes les nuances ; c'est
le grand parti du bon sens et du sens moral ; c'est
ce que le R. P. Gratry appelle, dans le discours
que nous avons déjà cité, l'âme de la France.

« Je veux parler, dit-il, de ce grand parti, tou-
« jours méprisé des sectaires, toujours foulé aux
« pieds par les violents, toujours méconnu et
« vaincu jusqu'ici, mais destiné à la victoire, et
« que j'ose appeler le parti de l'âme de la France.

« Ce parti ne compte pas dans ses rangs les glo-
« rieux corrupteurs, ni les chantres du vice, ni les
« lettrés sceptiques, ni les princes de l'intrigue, ni
« les semeurs de haine et de colère, ni surtout la
« race des violents. Il se compose d'abord d'une
« grande foule obscure, de tous ces êtres pacifiques
« et doux qui sont la trame utile du genre humain,
« travaillant en silence à travers les siècles pour
« réparer sans cesse ce que dévorent sans cesse les
« hommes de joie et les hommes de proie. Il se
« compose de tout ce qui a servi sans briller, de
« tout ce qui est mort pour nous sans bruit, de tous
« les humbles ouvriers du devoir, soldats de l'ef-
« fort commun, âmes héroïques et simples qui ont
« été la matière commune de nos gloires et la solide
« substance de nos progrès. Voilà l'âme du parti,
« voilà l'âme de la France que peuvent tromper
« des guides aveugles, mais qui conserve, sous
« l'accident des erreurs et des fautes, son instinctif
« élan vers la justice. »

M. le comte de Montalembert, lors de sa réception, avait déjà dit, en parlant de cette partie saine
de la nation : « Je vois cette noble élite, toujours
« vaincue, jamais anéantie, reparaître toujours à
« travers toutes les phases de notre histoire, et de-

« mander sans cesse, pour elle et pour les autres,
« la justice et la liberté. »

Que ce grand parti du bon sens et du sens moral se réveille pour tout de bon cette fois, qu'il
prenne en main la cause des vrais principes, et qu'il
constitue enfin quelque chose de sérieux et de stable, quelque chose d'honnête et de respecté, quelque chose de digne et de libéral. Le succès lui est
promis depuis soixante-quinze ans par J. de Maistre, qui fait dans ses *Considérations sur la France*
(p. 139) cette remarque si profonde et si bien justifiée par une étude sérieuse de l'histoire : « On peut
« remarquer, dit-il, une certaine affectation de la
« Providence (qu'on me permette cette expression),
« c'est que les efforts des peuples pour atteindre
« un objet sont précisément le moyen qu'elle em-
« ploie pour les en éloigner…. Que si l'on veut sa-
« voir le résultat probable de la Révolution fran-
« çaise, il suffit d'examiner en quoi toutes les
« factions se sont réunies ; toutes ont voulu l'avi-
« lissement, la destruction même du christianisme
« et de la monarchie : *d'où il suit* que tous leurs
« efforts n'aboutiront qu'à l'exaltation du christia-
« nisme et de la monarchie. »

Nous touchons certainement à cette conclusion
prédite de notre grande révolution et, précisément
parce que cette double restauration paraît plus im-
probable que jamais, nous la croyons très prochaine. Notre but est de prouver dans cet écrit que
c'est par cette voie, et par cette voie seulement, que

nous pouvons conquérir définitivement ce beau règne de la justice, de la paix sociale et de la liberté que la Révolution nous promet depuis quatre-vingts ans, qu'elle ne nous a jamais donné et qu'elle ne nous donnera jamais, car aucune des révolutions faites depuis cette époque par les idées et les passions démocratiques n'a pu durer sous une forme libérale. Au fond toutes visaient au despotisme social, et toutes sont mortes par le despotisme d'un autocrate ou d'un dictateur.

I.

DU PROGRÈS DANS LE PLAN DIVIN.

> Je crois que celui qui a arrangé le monde matériel n'a pas voulu rester étranger aux arrangements du monde social.
>
> (Frédéric BASTIAT, *Harmonies économiques*, p. 19.)

La constitution et la puissance de ce grand parti de l'ordre, de l'équité et du bon sens, dont nous avons parlé, doit naître, à nos yeux, de l'union forcée des hommes qui, dans toutes les classes sociales, dans tous les partis politiques, dans toutes les branches de l'activité humaine, cherchent avec bonne foi le règne de la justice, du droit et du vrai.

Les erreurs, qui sont toutes opposées à la vérité, peuvent être contradictoires entre elles, mais toutes les vérités particulières sont sœurs, et leur union intime et complète constitue l'harmonie absolue du vrai dans le sein de Dieu.

Les sciences sociales, dont l'étude a fait tant de progrès dans ces derniers temps, marchent rapidement vers la constatation de cette harmonie géné-

rale si bien démontrée, dans leur domaine spécial,
par Frédéric Bastiat. D'illustres penseurs ont déjà
signalé la solidarité qui existe entre les fondements
économiques du progrès social et les lois évangé-
liques de la morale individuelle; pour nous, persuadés que la politique proprement dite a aussi ses
conditions de progrès et ses lois morales, qui ne
peuvent être opposées aux premières, nous sommes
sincèrement convaincus qu'il existe une véritable
solidarité entre les principes du vrai et du juste
dans le domaine social, dans le domaine religieux
et dans le domaine politique.

Ce travail n'a d'autre but que de faire partager
cette conviction à nos lecteurs. Que l'on nous permette tout d'abord, malgré l'aridité du sujet, d'examiner la question au point de vue de l'économie
politique pure.

N. S. Jésus-Christ est venu au monde non-seulement pour sauver l'individu, mais aussi et en même
temps pour réformer la société, qui était fondée sur
l'exploitation à tous les degrés de l'homme par
l'homme, c'est-à-dire sur l'esclavage, sur l'égoïsme,
sur l'abus de la force, et à laquelle il a donné pour
base nouvelle la charité, l'abnégation et la justice.

Lorsque la loi chrétienne fut apportée sur la terre,
l'extrême Orient était inconnu au monde civilisé;
les steppes du nord étaient habités par des peuples
nomades, vivant sans efforts et sans souci du lendemain des produits de leurs chasses et des fruits de
leurs troupeaux, prêts à se ruer sur les provinces

du midi dès qu'ils se sentiraient trop à l'étroit dans leurs déserts. L'Europe entière avait été conquise par les Césars; la civilisation romaine résumait donc l'état du monde à ce moment. Voyons ce qu'elle faisait et ce qu'elle pouvait faire pour le progrès au point de vue économique.

Le travail y était considéré comme humiliant et laissé aux esclaves. Les riches Romains possédaient tout autour de leurs fastueuses habitations de petites loges dans lesquelles leurs esclaves exerçaient toutes les professions au profit du maître, seul propriétaire de l'esclave et de tout ce qu'il pouvait gagner; leur nombre en faisait de vrais troupeaux consacrés à assurer le bien-être et les jouissances d'un petit nombre d'hommes, et leur situation civile les assimilait à des bêtes bien plus qu'à des citoyens; ils ne pouvaient pas contracter de mariages légitimes, ni par suite créer de familles, et les jurisconsultes examinèrent la question de savoir si l'enfant né d'une mère esclave devait appartenir à l'usufruitier ou au nu-propriétaire de la mère. Pollion, pour engraisser les murènes de ses viviers, y faisait jeter des esclaves vivants, et Caton, le sage Caton, ordonnait d'assommer ceux que l'âge ou les infirmités rendaient impropres aux services qu'il en exigeait. On conduisait enchaînés à Rome des danseurs lydiens et des lutteurs gaulois pour les jeux, au même titre que les lions d'Afrique et les éléphants d'Asie, et l'on vendait sur les places publiques, à titre d'objet de luxe, les brodeuses syriennes et les esclaves grecques comme les cavales de Numidie.

Non-seulement tous les emplois du commerce, tous les labeurs de l'agriculture, tous les travaux de l'industrie, mais les occupations à nos yeux les plus honorables étaient abandonnées avec dédain aux seuls esclaves; les riches Romains achetaient un philosophe athénien pour enseigner à leurs enfants les belles-lettres et l'éloquence, un peintre ou un sculpteur grec pour orner leurs palais, un prêtre juif ou tyrien pour leur servir d'intendant ou de secrétaire; ceux d'Égypte étaient estimés comme médecins, et des esclaves africaines préparaient leurs remèdes et trop souvent leurs poisons.

L'esclavage ne s'appliquait pas seulement à l'individu, mais aux nations elles-mêmes. L'univers entier fournissait aux jouissances de la Rome païenne; elle recevait, non à titre d'échange, comme de nos jours, mais à titre de tribut, les tapis de pourpre de Tyr, l'ivoire de l'Asie, les vins de la Grèce, le nard d'Assyrie, le blé d'Égypte, les bronzes d'Égine, les perles de la Bretagne, les draps d'or de Phrygie, les soieries de Perse, les laines de Milet et les broderies de Babylone; encore ces tributs toujours augmentés n'empêchaient-ils pas les provinces soumises d'être livrées chez elles au despotisme de proconsuls tout-puissants, aux exactions de préteurs avides et aux pillages fréquents des légions romaines ou des vétérans auxquels on partageait les terres des vaincus.

Ce serait peut-être sortir de notre sujet et entreprendre un tableau trop repoussant que de vouloir peindre les mœurs publiques et privées engendrées par un pareil régime. Toutes les passions humaines avaient un libre cours, tous les vices avaient des dieux protecteurs. Jusque-là, toutes les civilisations qui s'étaient succédé avaient eu pour point de départ et pour but l'exploitation plus ou moins perfectionnée de l'homme par l'homme. Toutes étaient mortes corrompues, et les corruptions de l'Égypte et de la Grèce, de Sidon, de Babylone et de Carthage, s'étaient fondues et réunies dans le grand égout collecteur de la civilisation romaine.

Quelle surprise ne dut pas causer, dans un pareil monde, l'apparition d'une doctrine nouvelle fondée par un homme que ses adeptes disaient être un Dieu, et qui, né d'un charpentier, dans une province éloignée de l'empire, avait lui-même manié jusqu'à trente ans la scie et le rabot.

Que d'absurdes folies! que de rêveries inouïes jusque-là! qui sont de nos jours des vérités éclatantes.

« *O tyran! tu peux faire ce que tu voudras de mon* « *corps, mais mon âme est libre,* » disaient les Cananéens mourant dans les tortures, tenaillés et brûlés vifs; et voilà que depuis dix-huit siècles toutes les générations se sont successivement agitées pour faire un pas de plus dans cette voie de civilisation et de progrès qui se mesure par la pratique de mieux en mieux comprise de la vraie *liberté*.

« *Sous la poitrine de l'esclave, comme sous celle du* « *préteur, s'agitent des âmes égales, toutes rachetées* « *par le sang d'un Dieu,* » prétendaient de timides jeunes filles qu'on livrait aux bêtes féroces ; et voilà que tous les peuples de la terre écrivent au fronton de leurs constitutions et de leurs codes, *l'égalité* de tous devant la loi, la justice et l'impôt.

« *Nous sommes tous frères,* » disaient les premiers martyrs devant les juges indignés et les bourreaux ébahis d'une pareille audace ; et aujourd'hui la presse, la vapeur, le télégraphe prêchent cette grande *fraternité* à toutes les nations, parce que la religion chrétienne l'a mise dans le cœur de tous les individus.

Et, en même temps qu'elle révélait au monde ces trois grandes vérités, la doctrine nouvelle, distinguant sagement entre le travail esclave et le travail libre, relevait ce dernier du mépris en le présentant comme le rachat d'une faute originelle, comme la condition d'une réhabilitation promise ; faisant ainsi un devoir pour chaque individu de la lutte et des efforts qui sont le fondement même et la condition du bien-être de la race tout entière et du progrès du genre humain.

Eh bien ! c'était là un véritable programme de rénovation sociale, et c'est à une science toute moderne que nous devons d'en comprendre l'importance.

Proudhon, qui, au milieu de ses paradoxes, aperçoit la vérité plus souvent que l'on ne croit, dit quelque part, dans sa brochure sur le dimanche :

« Il y a une science des quantités qui force l'as-
« sentiment, exclut l'arbitraire, *repousse toute uto-*
« *pie;* une science des phénomènes physiques qui
« ne repose que sur l'observation des faits; il doit
« exister aussi une science de la société absolue,
« rigoureuse, basée sur la nature de l'homme et de
« ses facultés et sur leurs rapports, *science qu'il ne*
« *faut pas inventer, mais découvrir.* »

Cette science, elle existe, et c'est l'économie politique. Trop longtemps, en effet, on a cru qu'il fallait l'*inventer,* et l'on en avait fait une science d'imagination, ayant pour mission de trouver un système
social propre à être substitué tout d'une pièce au
système actuel, pour le plus grand bonheur de l'humanité; elle est devenue aujourd'hui tout à fait une
science d'observation, et le résultat des études les
plus sérieuses a été de constater la grande loi de
l'harmonie des intérêts, la conformité de la loi
morale et de l'utilité sociale, en un mot, l'admirable unité de la conception divine dans la marche
du progrès.

Aujourd'hui l'économie politique est au socialisme ce que la chimie moderne est à l'alchimie, ce
que l'astronomie est à l'astrologie du moyen âge,
ce que l'histoire est à la fable des Égyptiens et des
Chinois, ce que les vérités catholiques sont à la philosophie des Grecs et à la mythologie des Romains;
pour elle aussi la vérité succède à l'erreur, et, par
suite, se manifeste la conformité avec les vérités
religieuses et supérieures révélées à l'humanité et

qui constituent le fondement même de la civilisation chrétienne.

Le travail libre, si admirablement réhabilité par le Christ, est aujourd'hui reconnu comme seule et unique base de la valeur et, par une conséquence forcée, de toute richesse aussi bien en fait qu'en droit.

L'eau à la fontaine n'a pas de valeur, son prix sur le coteau résulte de la peine prise pour l'y transporter. Le vent qui souffle sur nos collines ne coûte rien à personne, mais quand on parvient à l'utiliser pour moudre le blé, on paie uniquement, et l'on doit uniquement payer, la peine prise par le meunier. Le soleil qui dore et réchauffe nos vallons ne se fait pas payer, nul ne peut en accaparer les bienfaits, aussi le laboureur ne nous fait-il payer que son travail, sa peine, son effort nécessaire pour recueillir les bienfaits tout à fait gratuits de Dieu :

Seminat homo. Deus autem dat incrementum.

Il en est de même en toute chose, et l'on trouve partout, à côté de la valeur créée par le travail, un don gratuit du Créateur, né des forces, des produits spontanés ou des combinaisons naturelles de la matière, et tout à fait indépendant du travail, de l'effort faits par l'homme pour approprier aux circonstances particulières de son existence, de ses goûts et de ses besoins, les éléments de jouissance qu'il rencontre autour de lui.

Et à mesure que chacun parvient à conquérir sur la nature les éléments de bien-être et de jouissance que Dieu y a mis à la portée de l'homme, il cède le résultat de son effort et de son travail à un autre en échange d'un effort ou d'un travail égal; la valeur comparative des deux produits obtenus se débattant librement, volontairement par le jeu naturel de l'offre et de la demande, sans qu'il soit question du don de Dieu reçu et cédé gratuitement.

Ainsi chacun, en s'efforçant par son travail de créer la *valeur* dont il a besoin pour faire des échanges, conquiert un bienfait, un avantage et un don de Dieu qui livré par lui, pour rien, à tous ses frères, devient une conquête faite sur la nature au bénéfice de toute la communauté; de telle sorte que nul ne peut travailler pour lui-même, qu'il ne travaille en même temps pour tous ses frères, sans le vouloir et le plus souvent sans le savoir.

Mais cet état économique, déjà si admirable par lui-même, n'est pas stationnaire.

L'homme, stimulé par une sage prévoyance, tend à mettre en réserve les produits de son travail passé pour faciliter ses efforts futurs : c'est ainsi qu'il s'est procuré tout d'abord, comme Robinson dans son île, des provisions, des matériaux, des outils; plus tard, il a perfectionné ses outils sous le nom de machines, en s'efforçant de rejeter toujours sur les forces naturelles, et par conséquent gratuites, la partie la plus lourde et la plus pénible du travail jusque-là nécessaire pour un résultat et une production donnés. En un mot, chaque génération tend nécessairement à augmenter son capital qui, s'associant sous toutes les formes au travail actuel qu'il facilite et féconde, augmente *la force productive* de chaque homme, de chaque peuple, du genre humain tout entier; chaque génération parvient ainsi à obtenir, avec les mêmes efforts, une somme de jouissances et de bien-être qui va toujours en augmentant.

M. Michel Chevalier, l'une des premières autorités de notre temps en économie politique, explique fort bien cette marche du progrès social dans l'introduction très remarquable qui précède les rapports du jury international de l'Exposition universelle. (Voir note III.) La science nouvelle y voit l'application d'une double loi, qui peut se formuler ainsi : *propriété légitime de la valeur qui tend à décroître; communauté progressive des dons de Dieu conquis par le même travail et qui tendent chaque jour à augmenter.*

Il semble que l'homme chassé du paradis terrestre au commencement du monde le reconquiert, depuis la rédemption du Christ, morceau par morceau, et que le terme assigné à nos efforts soit un nouveau jardin de délices s'étendant à tout le globe et au sein duquel la race humaine tout entière reviendra à son unité originelle, *unus pastor et unum ovile.*

Voilà, d'après la science économique la plus orthodoxe, quelle est la marche de ce progrès matériel que le R. P. Félix reconnaît *utile et même nécessaire* à la plénitude de la vie sociale, au même titre

qu'un état normal de force et de bien-être physique
est utile, chez l'individu, pour l'exercice de ses
facultés intellectuelles et morales. (1856, 4ᵉ confé-
rence, p. 178.) La solidarité est réciproque, et les
économistes savent bien que les vertus privées inspirées par la loi nouvelle de justice et de charité
que le monde doit au fils de Dieu sont, *toutes,* des
conditions essentielles de prospérité, et que les
passions qu'elle réprouve sont des causes de ruine
privée et publique; c'est à cette double vérité qu'il
faut attribuer l'influence du christianisme sur la
civilisation si bien exposée par M. Guizot, au point
de vue politique, et par M. Auguste Conti, au point
de vue philosophique. (Voir note IV.)

Il suit de là que le jeu harmonique des activités
humaines, si bien analysé par la science sociale, ne
peut se développer dans sa perfection qu'à la condition de respecter le plan divin et la loi divine,
comme si Dieu ne consentait à livrer de plus en
plus les puissances de la nature à notre domination
que tout autant que nous reconnaîtrons la sienne.

Il est vrai que cette marche harmonique de la société n'a pas lieu sans trouver des obstacles; la vie
de l'homme est une vie de lutte et de combats et
les entraves au bien se rencontrent partout. Mais
l'accident n'est pas la loi. Ce fut l'erreur d'esprits
chagrins de ne voir et de ne généraliser que ce
côté des choses, et c'est par là que se tiennent ceux
que l'on a appelés réformateurs modernes; chacun
offrant au genre humain un système nouveau, une

combinaison ignorée d'attraction, d'harmonie, de partage social, de série progressive, etc.... On se souvient des troubles de 1848 et des prédications qui les avaient provoqués.

S'il n'y avait eu que des jugements de police correctionnelle et des répressions sanglantes pour nous sauver de ce qu'on a appelé *la sociale*, la lutte ne serait pas près de sa fin. Comme le dit Proudhon, « *les idées ne se combattent que par des idées;* » sur ce terrain, les véritables champions de l'ordre étaient les économistes; ils ne faillirent point à leur devoir; la science nouvelle s'épura dans ces luttes, les vrais principes s'affirmèrent plus clairement, toutes les questions de détail furent élucidées, et la théorie consolante de l'harmonie sociale naturelle sortit victorieuse de la lutte. En même temps que l'on reconnaissait la conformité que nous avons signalée entre la science nouvelle et les vérités religieuses, on constatait, d'un autre côté, qu'elle donnait la main aux plus saines aspirations vers la liberté vraie, sage et féconde, tandis que l'erreur économique et l'esprit de révolution ne pouvait nous conduire qu'au despotisme.

Si l'harmonie, en effet, n'est pas naturelle; si elle doit être imposée au genre humain par l'État, il faut demander au nouveau pacte social de régler jusque dans les moindres détails les rapports économiques de tous les hommes entre eux : il est logique alors que la loi intervienne pour diriger tous nos mouvements, que toute expansion d'activité soit comprimée par une mesure préventive; que l'individu, en un mot, ne puisse rien faire, et que l'État soit tout, veille à tout, dirige tout et étouffe tout dans les serres d'une bureaucratie puissante.

L'harmonie naturelle, au contraire, une fois reconnue comme une vérité d'expérience et d'observation, c'est la libre expansion de l'initiative individuelle, c'est la liberté, sous la sanction morale de la responsabilité de chacun et de la solidarité, c'est une large et féconde décentralisation administrative, c'est la justice, c'est l'égalité substituée à l'arbitraire et aux priviléges organisés, c'est l'activité, le réveil de la société qui reprend alors son équilibre naturel et sa vie normale et calme.

Voilà pourquoi les économistes se joignent aux hommes politiques les plus considérables pour protester contre l'abus des règlements de toute sorte. Que l'on nous permette de citer ici M. Michel Chevalier, dans la même introduction, p. 270 :

« Quand Montesquieu a dit (*Esprit des Lois*, « liv. XVIII, chap. iii) que les pays sont cultivés « en raison, non de leur fertilité, mais de leur li- « berté, il a tracé pour l'usage de la postérité un « enseignement qui est de l'utilité la plus grande et « d'une éternelle vérité, et que cependant les gou- « vernements et les gouvernés eux-mêmes sont su- « jets à oublier.... Chez la plupart des peuples, « l'esprit ultra-réglementaire est trop le maître ; « chez nous, particulièrement, il s'est livré aux plus « grands empiétements et, malgré la déclaration

« impériale du 5 janvier 1860, il est peu disposé
« à se dessaisir de ses usurpations. Le moment est
« venu de réagir avec un redoublement de forces
« contre cette influence illibérale, qui tient en
« échec les forces du pays.

« Il faut dégager la nation des entraves que sus-
« citent des lois, soit générales, soit spéciales, dic-
« tées par l'esprit de restriction, et des règlements
« sortis de la même source. Il faut que les institu-
« tions politiques et administratives, les lois, les
« décrets, les arrêtés soient favorables à la liberté
« du travail, et que l'usage et les mœurs lui servent
« d'appuis tutélaires.

« La règle de l'autorisation préalable par les
« agents du gouvernement, étendue au point où
« elle avait été portée chez nous sous la Convention
« et sous le premier Empire et où elle s'est main-
« tenue depuis, sauf pourtant quelques reprises que
« le bon sens public a pu faire, est une des plus
« malencontreuses combinaisons qu'on puisse in-
« troduire dans un état civilisé ; c'est une méthode
« assurée pour asservir les peuples et les tenir cour-
« bés sous le joug. »

Eh bien ! le seul gouvernement qui puisse favoriser ce réveil général de la nation sera un gouvernement qui n'aura plus besoin de faire de la compression, parce qu'il trouvera en lui-même, dans sa
valeur morale, dans la force des principes, dans la
légitimité du droit, un élément suffisant de puissance et d'autorité ; un gouvernement qui se sentira

assuré d'être respecté par la nation, parce que lui-même sera résolu à respecter les droits de la nation ; un gouvernement qui, tout en renouant la chaîne de nos traditions nationales, acceptera le mouvement et la vie d'un sage progrès. Ce serait folie d'espérer un semblable résultat de tout gouvernement né de circonstances, de combinaisons et d'intrigues, soit d'un prince illégitime, soit d'une république impopulaire ; un expédient imposé par les hommes ne se soutiendra jamais que par la ruse, la fourberie, la violence et le despotisme organisés.

La France a trop souffert de ceux-là, il est bien temps qu'elle essaie d'autre chose.

C'est ainsi que cette science toute moderne, toute française, conduit logiquement au rétablissement de l'ordre divin dans le monde économique, dans le monde moral et dans le monde politique. Un homme considérable dans la science, secrétaire perpétuel de la *Société d'économie politique,* rédacteur du *Journal des économistes,* M. Joseph Garnier, comprend comme nous cette trilogie et définit ainsi la science nouvelle : — « Les hommes sont égaux de- « vant Dieu, le christianisme l'a révélé ; ils sont « égaux devant la loi, une grande révolution a posé « ce principe ; ils doivent être égaux en droit dans « le domaine du travail, *l'économie politique recher-* « *che les fondements de cette vérité et les moyens d'en* « *faire l'application.* »

En résumé, les deux bases les plus sûres du pro-

grès sont le respect de la véritable autorité morale,
au point de vue privé et au point de vue social, et
de la véritable autorité traditionnelle, au point de
vue politique; voilà comment nous sommes con-
duits à étudier les fondements mêmes de l'autorité
au point de vue privé et au point de vue public.

II.

DU DEVOIR ET DU PRINCIPE D'AUTORITÉ AU POINT DE VUE RELIGIEUX OU INDIVIDUEL ET AU POINT DE VUE POLITIQUE OU SOCIAL.

> La loi n'est proprement loi et ne possède une véritable sanction qu'en la supposant émanée d'une volonté supérieure.
>
> (TERTULLIEN, cité par J. DE MAISTRE.)

> La Révolution française a commencé par la reconnaissance des droits de l'homme, elle ne finira que par la reconnaissance des droits de Dieu.
>
> (DE BONALD.)

Nous ne pouvons résister au désir de commencer ce chapitre en citant tout simplement et tout au long les premières phrases d'un pamphlet qui a quelque peu circulé en France, malgré la police impériale, et qui, émané d'un camp qui n'est pas le nôtre, n'en aura que plus d'autorité pour nos lecteurs. — Il s'agit d'un petit livre ayant pour titre : *Le Deux décembre et la morale*, par M. Rogeard, et qui débute ainsi :

« S'il est une vérité admise aujourd'hui par tout
« philosophe digne de ce nom, c'est que la politique

« est inséparable de la morale; et s'il est un fait
« dans l'histoire qui soit une démonstration écla-
« tante de cette vérité, c'est l'usurpation militaire
« du 2 décembre, qui n'est pas même un crime
« d'État, mais un crime de droit commun.

« Une bonne définition de la politique et de la
« morale suffirait pour éclairer ces questions encore
« obscures pour le grand nombre. La morale (pro-
« prement dite) est la science des justes rapports des
« hommes entre eux dans la vie individuelle et pri-
« vée, et la politique est la science des justes rap-
« ports des hommes entre eux dans la vie collective
« et publique. La politique est une morale sociale,
« comme la morale est une politique privée, toutes
« les deux démontrables, toutes les deux insépara-
« bles, toutes les deux ayant même objet, même
« but, même moyen, même critérium, étant, pour
« ainsi dire, philosophiquement identiques : leur
« objet à toutes les deux est la nature humaine,
« leur but le bonheur des hommes, leur moyen la
« justice, leur critérium celui de toutes les autres
« sciences, la conformité avec la nature des choses
« prouvée par l'expérience et la raison (1).... Elles
« définissent toutes les deux les droits et les devoirs,
« l'une dans une sphère plus étroite, l'autre dans
« une sphère plus étendue ; elles régissent sous dif-
« férentes formes les différentes applications *d'une*
« *seule et même loi*, et ne diffèrent que comme deux

(1) Il vaudrait mieux dire tout simplement la conscience.

« messagers qui vont porter en différents lieux le
« même ordre. Elles collaborent à une œuvre com-
« mune , l'amélioration de la société et de l'espèce
« humaine, par les mêmes moyens qui sont la vé-
« rité , la vertu , le développement harmonique des
« facultés, la satisfaction normale des besoins et la
« convergence des intérêts , et , pour dire plus que
« tout cela en un seul mot, par la découverte et
« l'application *des lois de la nature humaine*.... Je
« conclus que ce qui est faux en morale est faux en
« politique et réciproquement. Toutes les fois que
« vous verrez une politique qui se brouillera avec la
« morale , méfiez-vous ! ! La politique n'est qu'une
« morale générale ; elle ne peut blesser la morale
« sans se blesser elle-même, la violer sans se dé-
« truire. Une politique en opposition avec la mo-
« rale cesse d'être politique et devient *brigandage;*
« la politique et la morale ne sont que deux parties
« indissolubles d'une seule et même science : dua-
« lité apparente, unité réelle , ces deux sciences n'en
« forment qu'une : la science des droits et des de-
« voirs. » (*Le Deux décembre et la morale,* p. 1 , 2 et 3.)

Lorsque l'on rencontre des idées aussi justes et
aussi chrétiennes dans le camp des révolutionnaires, on ne peut que regretter de voir M. Louis
Veuillot, défenseur si violent des opinions religieuses, prêcher à ses lecteurs, depuis trente ans,
l'*indifférentisme* en matière politique.

Pour nous, c'est M. Rogeard qui a raison, et il a
trouvé le véritable terrain sur lequel tous les partis

politiques viendront un jour se rallier en France. Oui, la morale politique, la morale sociale et la morale privée ont la même origine, la même sanction divine et la même influence sur le bonheur de l'humanité; application d'une seule et même loi, elles sont nécessairement solidaires, et nous sommes convaincus que, dans les vues de Dieu, les brigandages auxquels nous assistons de tous côtés auront précisément pour résultat final de faire bien comprendre à tous les partis et à tous les peuples que la morale politique ne peut exister à la base quand elle est violée au sommet, que les souverains illégitimes seront toujours despotiques, et qu'un pouvoir conforme à la justice dans son origine, dans son principe, dans son essence, peut seul être en même temps juste, moral, modéré, bienfaisant dans sa conduite et dans tous ses rouages./ Mais cette science des droits et des devoirs, quelle en est la règle, la base, la sanction, le fondement philosophique? La question mérite un examen sérieux.

Car enfin une *science* des droits et des devoirs ne suffit ni aux peuples ni aux rois, ni à la morale privée ni à la morale publique : la nature humaine est toujours la même; on n'a pas oublié l'aveu modeste du poète : *Video meliora, proboque, deteriora sequor.* Il faut, outre la science qui nous fait *connaître* la justice, une loi qui nous oblige à la *pratiquer;* or, comme la raison humaine, fût-elle en état de nous donner cette science, ne pourrait jamais nous *obliger* à y conformer notre conduite au prix du plus léger sacrifice, il faut en arriver à la croyance en Dieu.

Comme le dit si bien Tertullien, cité par J. de Maistre au début de son travail sur le principe des institutions politiques : « la loi n'est proprement « loi et ne possède une véritable sanction qu'en la « supposant émanée d'une volonté supérieure.... » Tous les peuples et tous les philosophes ont reconnu ce principe; nous ferions un volume des citations que nous pourrions accumuler pour le prouver. — Ce serait Plutarque : « On bâtirait plutôt, dit-il, « une ville dans les airs que de constituer un État « en ôtant la croyance des Dieux....; » — ce serait Cicéron cherchant la source du droit « dans cette « loi véritable et principe de toutes les autres, pou- « vant commander et défendre, et qui, dit-il, n'est « autre chose que la raison parfaite du tout-puissant « Jupiter, *ratio recta summi Jovis ;* » — ce serait Montesquieu déclarant que ce ne fut ni la crainte ni la piété qui établit « la religion chez les Romains, « mais la nécessité où sont toutes les sociétés d'en « avoir une; » — ce serait enfin la conscience universelle du genre humain qui, dans tous les pays, dans tous les temps, à tous les degrés de la civilisation, a toujours eu, sous des formes plus ou moins corrompues, une croyance en une puissance supérieure, vengeresse et rémunératrice, dictant des lois aux humains et les citant, tout au moins, devant le tribunal de la conscience privée. Or, ce cri de la conscience que l'ignorant entend comme le savant, et le sauvage comme l'homme civilisé, suffit pour prouver cette loi morale violée, et par suite l'existence de l'autorité supérieure qui a seule pu l'imposer à l'âme humaine. Eh bien! en principe, c'est là la mère de toutes les autorités, *omnis potestas a Deo*, disait saint Paul.

La notion du devoir, et par suite la science des rapports entre les droits et les devoirs chez l'individu comme dans la société, devient impossible si on ne la rattache pas à cette origine supérieure : il y a lutte constante sur la terre, pour chaque homme entre ses passions et ses devoirs, entre ses désirs et les moyens bornés de les satisfaire, entre ses rêves et la réalité qui l'oppresse, et pour la société entre la liberté de chacun et l'intérêt de tous, entre les droits de l'individu et la sûreté de l'État, entre la volonté individuelle et l'autorité collective constituée sous une forme ou sous une autre. Sur quel principe seront réglées ces questions multiples? quel sera le critérium de ces prétentions diverses? quelle sera la puissance régulatrice de toutes ces puissances opposées? *Le droit,* mais le droit remontant à son origine supérieure, absolu dans sa logique, conséquent dans ses applications, entier dans son principe, ou *la force,* brutale dans son exercice, injuste dans sa base, stérile et précaire dans ses résultats. Il y a l'immensité entre les deux.

« Rousseau prouve fort bien, dit M. de Lamennais « (*Essai sur l'indifférence,* t. I, p. 365), qu'aucun « droit, aucun devoir ne peut résulter de *la force,* et

« qu'ainsi elle diffère essentiellement de *l'autorité*.
« La force, ajoute-t-il, est la puissance de con-
« traindre; l'autorité, le droit d'ordonner. Du droit
« d'ordonner résulte le devoir d'obéir; de la puis-
« sance de contraindre résulte la nécessité de céder.
« Il y a l'infini entre ces deux notions; pour les
« confondre, il faut bouleverser la langue même : il
« faut dire que le vent qui déracine un chêne exerce
« un droit, et que le chêne, en tombant, remplit
« un devoir. »

C'est cette théorie élevée de l'autorité comprise
de la même façon qui a inspiré ce mot si profond :
« Le pouvoir de tout faire n'en donne pas le droit. »

Il faut donc, de toute nécessité, ou admettre avec
les conservateurs, avec la religion, avec l'Église,
que l'autorité vient de Dieu, ou, si l'on repousse le
concept religieux, n'admettre avec la Révolution
d'autre frein aux passions humaines et aux dangers
sociaux que la force toujours précaire d'un pouvoir
vicié dans son principe.

On ne peut pas se révolter contre Dieu sans se
révolter contre tout principe d'autorité humaine et
sociale; et le mouvement de révolte qui, par une
marche que nous étudierons bientôt, a porté l'homme
à se substituer à Dieu en toute chose, reçoit en ce
monde, quand il s'applique à la société, la punition
qui lui est réservée dans l'autre quand il s'agit de
l'âme individuelle; parce que les nations, n'ayant
pas une seconde vie, paient en ce monde le tribut
qu'elles doivent à la justice **divine**, en supportant

dans un avenir immédiat les conséquences du mépris qu'elles ont fait des principes mêmes de leurs constitutions. La civilisation païenne a été condamnée du jour ou des rhéteurs pleins d'orgueil ont osé dire que la raison *seule* était la règle et la mesure de toute chose, que les Dieux, s'il en existait, ne se mêlaient pas des affaires humaines, que le bien-être était l'unique loi, la loi suprême de l'homme. C'était la destruction de toute base sérieuse de la notion de droits et de devoirs; c'était, par conséquence, la destruction des fondements mêmes de toute société humaine. Parce que, encore une fois, les principes de la morale individuelle ou religieuse et ceux de la morale sociale ou politique sont identiquement les mêmes.

Il y a là des corrélations que l'on ne peut pas éviter. Si l'homme est à lui-même son Dieu, s'il ne relève que de sa raison, peut-être bien arrivera-t-il à discerner le bien du mal, mais rien au monde ne peut contraindre sa volonté libre à opter pour l'un plutôt que pour l'autre : ni au fond de sa conscience, dans le for intérieur, ni, par suite, devant les tribunaux, au nom d'une autorité sociale qui n'existe plus en principe. Pour ceux qui ne veulent pas la faire remonter *théoriquement* à Dieu lui-même, il n'y a pas d'autre base d'autorité possible, ni en morale, au point de vue individuel, ni en politique, au point de vue social. Je sais bien que les forts logiciens de l'Empire ont prétendu trouver cette base de l'autorité dans l'opinion publique en elle-même, sauf à la préparer par la mauvaise foi, et dans le suffrage universel seul, sauf à le frauder audacieusement; c'est-à-dire dans le nombre, dans la collectivité.

Oui, si vous reconnaissiez au-dessus de tout la loi morale dont nous avons parlé; si vous faisiez appel à la conscience de chaque citoyen; si chacun, comme un juge qui opine, faisait connaître ce qu'il croit conforme au droit, à la justice, à la loi d'équité qu'il porte dans son cœur; oui, vous auriez raison; mais ce ne serait là qu'une manifestation de notre principe de l'autorité, ce serait la définition de saint Thomas mise en action : *omnis potestas a Deo* PER POPULUM.

Mais lorsque vous avez soin, d'abord, d'émanciper l'homme de tout frein moral, quand vous récompensez publiquement ceux qui enseignent que le Christ n'est qu'un homme, quand vous commencez par créer une loi athée, une administration sceptique et un peuple corrompu, vous ne faites plus appel qu'à leur intérêt du moment, à leurs passions, à leur fantaisie. Une fois l'homme émancipé par vos théories matérialistes, il est détrôné; au lieu d'être un reflet de la Divinité, l'organe de Dieu lui-même, ce n'est plus que le petit-fils décrassé d'un gros singe; c'est M. Duruy, grand-maître de l'Université, qui l'enseigne. L'homme alors est à lui-même son propre Dieu, *homo sibi Deus*. Tous sont égaux, c'est vrai, dans cet abaissement, mais alors il n'y a que des volontés égales entre lesquelles n'existent plus ni droits, ni devoirs, ni autorité, ni obéissance ; nul n'a le droit de contraindre son voisin à faire ou à ne pas faire ; on peut se mettre deux, trois, quatre contre un, quatre-vingt-dix-neuf contre le centième, on l'oblige par la force, mais on ne crée pas le droit que chacun n'avait pas isolément.

Si le peuple a le droit de faire *seul* la loi, ce n'est plus qu'une convention, et ceux qui ont eu la liberté de la faire ont bien le pouvoir de la révoquer. Le juste et l'injuste seraient donc soumis à des questions de temps, de lieu et de personne ? Cela n'est pas possible. Le coup d'État du 2 décembre 1852 était, au point de vue du droit privé, un attentat contre la vie des personnes qui y ont été tuées injustement et contre la liberté de celles qui ont été incarcérées sans motifs, et, au point de vue du droit public, un attentat monstrueux contre la constitution que la nation s'était donnée et dont Bonaparte lui-même avait juré le maintien.

Qui oserait soutenir aujourd'hui que le vote des 7,500,000 suffrages, dont on s'est vanté si souvent, en ait fait un acte de vertu ?

Le suffrage universel est et sera toujours le seul mode équitable de manifestation de la volonté nationale, *pourvu que l'on en règle un peu mieux l'application;* mais la volonté nationale, pas plus que la volonté individuelle, ne peut devenir le critérium suprême de la morale ; elle peut, elle aussi, s'écarter des voies de la justice, et elle fait, elle aussi, preuve de sagesse quand, éclairée par l'expérience, elle rétablit en toute chose ce qui est juste, équitable, légitime.

En un mot, il y a ailleurs une règle du juste et de l'injuste qui oblige les peuples comme les individus et une base du droit au-dessus des formes de procédure ; celui qui en a la garde, que l'on veuille l'appeler *le bon Dieu* ou *l'Être suprême*, venge ses droits quand on les méprise. Le poète l'a dit :

C'est le courroux des rois qui fait armer la terre,
C'est le courroux du ciel qui fait armer les rois.

(J.-B. ROUSSEAU.)

Finirons-nous par le comprendre sous le coup des malheurs qui fondent sur notre pauvre France ? Quant à M. Louis-Napoléon Bonaparte, auteur des *Fragments historiques,* il ne doit pas être surpris de ce qui est advenu du pouvoir créé par lui à l'aide de semblables moyens; n'a-t-il pas signé ces deux phrases : « L'origine du pouvoir influe sur toute sa « durée, de même qu'un édifice brave les siècles « ou s'écroule en peu de jours, suivant que sa base « est bien ou mal assise.... — Ce n'est pas le hasard « qui règle les destinées des nations, ce n'est pas « un accident imprévu qui renverse les trônes : il « y a une cause générale qui règle les événements « et les fait dépendre logiquement les uns des « autres. »

Il ne pouvait pas prononcer plus clairement sa propre condamnation.

Ah ! depuis quatre-vingts ans on ne parle que des droits du peuple et jamais de ses devoirs ; des droits de plus en plus étendus et abusifs du gouvernement et jamais de ses devoirs ; des droits, de la grandeur, du *prestige* d'un empereur et jamais de ses devoirs. Eh bien ! voilà comment on en arrive à une décomposition sociale et à un abaissement moral qui ne s'étaient jamais présentés à un égal degré dans l'histoire. Sous prétexte d'émancipation, nous avons rompu avec les traditions séculaires de notre histoire, brisé dans l'organisation sociale l'ordre divin, repoussé de partout l'idée de Dieu, et voilà que tous les vingt ans nos institutions politiques sont emportées par des émeutes successives, nos rues ensanglantées par des combats fratricides, notre influence extérieure amoindrie par les tentatives les plus aventureuses, enfin notre existence même gravement compromise. Le succès seul distingue l'assassin du héros ; le peuple n'a que du mépris pour ceux qui s'emparent ainsi des pouvoirs et des fonctions sociales ; la force peut bien un moment conserver l'ordre matériel, mais l'ordre moral est détruit et la nation n'a plus qu'à choisir entre les convulsions de l'anarchie ou les rigueurs nécessaires de la loi martiale.

« Il est hors de doute, en effet, que le gouverne-« ment seul ne peut gouverner, » la remarque est de Joseph de Maistre ; « il a besoin, comme d'un « ministre indispensable, ou de l'esclavage qui di-« minue le nombre des volontés agissantes dans

« l'État, ou de la force divine qui, par une espèce
« de greffe spirituelle, détruit l'âpreté naturelle de
« ces volontés et les met en état d'agir ensemble
« sans se nuire. En un mot, il faut purifier les vo-
« lontés ou les enchaîner, il n'y a pas de milieu. »
Et M. de Maistre est si convaincu de cette vérité
que, bien persuadé, d'autre part (et de nos jours
Proudhon a exprimé la même pensée), que le catholicisme romain seul représentait dans son expression complète et, par suite, dans sa puissance civi-
lisatrice, le concept religieux, il a cru pouvoir formuler, il y a plus d'un demi-siècle, cette prédiction
qui tend à se réaliser de nos jours : « Les princes
« dissidents qui ont la servitude chez eux la con-
« serveront ou périront ; les autres seront ramenés
« à la servitude ou à l'unité. »

Et voyez, en effet, la puissante Russie ébranlée
dans son despotisme par un souffle de liberté ; voyez
la Prusse protestante, type de despotisme militaire
et champion du droit de la force ; voyez, par contre, le retour si évident vers le catholicisme des
États-Unis d'Amérique, et, en Europe, de la libre
Angleterre (1) et de la libre Hollande, il y a cent
ans boulevard de l'hérésie.

---

(1) Il y avait dans la Grande-Bretagne :

En 1834.			Et en 1867.		
Églises........ 497			Églises........ 1,143		
Couvents.... »	} Total... 500.		Couvents..... 291	} Total... 1,892.	
Séminaires. 3			Séminaires. 16		
Écoles......... »			Écoles........ 442		

Ces chiffres, relevés sur des documents officiels, ont été publiés

Il faut choisir : ou des mœurs, des croyances, des sentiments religieux chez l'individu avec des constitutions libérales dans l'État, et réciproquement ; ou l'absence de tout frein, la négation de toute autorité morale, l'athéisme théorique chez le citoyen avec le despotisme gouvernemental d'un seul ou de plusieurs.

Et, qu'on le remarque bien, ce despotisme ne peut même pas être stable, et aux souffrances constantes, normales, si l'on peut employer le mot, qu'il impose déjà au peuple, il faut ajouter le vice plus cruel encore et plus démoralisant de l'incertitude. On l'a dit avec raison, une société sans principes peut rencontrer des jours de calme ; elle ne *saurait se créer une heure de sécurité.*

Toute force, en effet, engendre une réaction : si le pouvoir n'a pour base que le principe de la force, il part d'une victoire, non d'un droit ; il a fait des esclaves attendant une revanche, non des citoyens libres soumis par devoir. Il y a là deux ressorts d'acier exerçant une forte pression l'un contre l'autre, avec cette différence que l'un perd tous les jours un peu de sa puissance primitive à mesure qu'il s'éloigne de son début et, par suite, de sa force originelle prise uniquement dans les hommes et dans le temps, et que l'autre gagne tous les jours un peu par le mécontentement, l'abus même du

par la *Scottisch reformation society,* association protestante qui s'est donné la mission de combattre par tous les moyens ces progrès du catholicisme.

despotisme et le besoin de changement. Il faut bien
alors que l'un des deux finisse par casser, et tout est
remis sur le tapis par une nouvelle révolution. On
pourrait presque constater que chaque génération
veut faire la sienne par des moyens nouveaux. La
Restauration elle-même, en 1815, ne se dégage pas
des éléments révolutionnaires; elle viole dans son
système de charte *octroyée* les bases légitimes du
pouvoir en France; elle dure quinze ans, et quelques députés, qui n'avaient pas plus mandat de la
nation pour changer l'ordre de succession au trône
que Louis XVIII ne l'avait eu pour nous imposer
une charte anglaise, improvisent un gouvernement
de fait qui était la négation de tout droit. Les principaux chefs de ce nouvel ordre de choses, le mot est
consacré, mais c'est désordre qu'il faudrait dire,
disparaissent peu à peu, et au bout de dix-huit ans
la génération qui les pousse les renverse dans la
boue. Le véritable esprit de la France se réveille
un instant, les conseils généraux, qui remplacent
nos anciens États provinciaux, demandent une décentralisation nécessaire; la province s'organise en
force de réaction contre le despotisme permanent de
la capitale. Un moment de bon sens public entre-
voit le remède à ces maux sans cesse renaissants;
mais une conspiration militaire foule aux pieds
serment et constitution, le droit nouveau est violé
à peine né et une camarilla nouvelle exploite la
France pour un temps...., car le vice d'instabilité
est resté le même, et, sans prévoir les dernières

folies de l'Empire et le désastre de Sédan, tout le
monde en France s'attendait depuis longtemps à la
révolution du 4 septembre. Enfin, tous ces pouvoirs
seront à la fois précaires et corrompus, parce que
nés de la négation de tout frein moral, ils en sont
eux-mêmes dépourvus. Au risque de paraître un
peu long, il nous faut ici citer une page remarquable de M. de Lamennais.

« Le pouvoir n'étant lié par aucune loi obliga-
« toire, libre de tout devoir parce qu'il est dénué
« de tout droit, n'a que sa volonté ou que son intérêt
« pour règles ; et, tout intérêt borné ici-bas n'étant
« qu'un intérêt d'orgueil ou de volupté, le peuple,
« vil instrument de l'ambition ou des plaisirs de son
« maître, se verra réduit à l'alternative ou de nour-
« rir de ses sueurs le luxe d'un prince efféminé, ou
« d'engraisser de son sang la gloire d'un monstre.

« Mais les peuples ont aussi leur volonté, leur
« intérêt, leur orgueil, plus terribles que celui d'au-
« cun tyran. De là une haine secrète contre le pou-
« voir qui les gêne ou les humilie, haine qui s'étend
« du pouvoir à tous les agents du pouvoir, à toutes
« les institutions, à toutes les lois, à toutes les dis-
« tinctions sociales ; et si on leur laisse un moment
« sentir leur force, ils en abuseront pour tout dé-
« truire et courront à l'anarchie en croyant marcher
« à la liberté.

« Ainsi, le principe désastreux que tout pouvoir
« vient du peuple conduit infailliblement les peu-
« ples ou à la privation de gouvernement, ou à un

« gouvernement oppressif. La même doctrine qui
« détrône Dieu détrône les rois, détrône l'homme
« même, en le ravalant au-dessous des brutes; et
« dès que la raison se charge de gouverner seule le
« monde, l'intérêt particulier, source éternelle de
« haine, devient le seul lien social. De même que
« l'autorité n'est plus que la force, l'obéissance n'est
« plus que la faiblesse, car l'intérêt de l'orgueil
« n'est jamais d'obéir. Le désir inné de domination,
« comprimé par la violence, réagit et pousse inces-
« samment les peuples à la révolte. Le pouvoir errant
« dans la société, les troubles succèdent aux trou-
« bles et les révolutions aux révolutions. » (*Essai
sur l'indifférence*, t. I, p. 374 et 375.)

Ne dirait-on pas que ces considérations, inspirées
par la logique philosophique il y a un demi-siècle,
ont été écrites tout récemment sous l'impression
des derniers événements, tant la suite de l'histoire
a justifié cette prévision tirée de la nature même
des choses et de la force logique des principes?

Or, quel progrès est possible avec une instabilité
pareille? quelle prospérité peut-on espérer dans les
affaires? quelle suite dans les inspirations de l'ordre
économique ou de l'ordre politique? quelle confiance dans le crédit public? quel espoir de voir
naître la liberté administrative et toute espèce de
liberté? et quelle épreuve pour la morale privée?
Ne sait-on pas que l'instabilité est partout démora-
lisante, mais qu'elle le devient surtout là où le pouvoir, étant à la fois précaire et corrompu, invite à

profiter du présent et à ne pas compter sur l'avenir : l'Empire l'a bien prouvé.

Enfin, par une conséquence tout aussi rigoureuse, ces pouvoirs humains, sans droits et, par suite, sans devoirs vis-à-vis de leurs sujets, se sont montrés naturellement les uns envers les autres fidèles à leur seul principe, celui de la force mise partout à la place du droit, et le désordre que nous avons signalé dans la conscience privée et au sein des nations règne aujourd'hui dans le droit des gens et porte la guerre dans ses flancs. On a bien inventé, pour en limiter au moins les conséquences, ces deux conceptions de la diplomatie moderne : le respect du fait accompli, quel qu'il soit, c'est-à-dire la sanction européenne donnée à tous les brigandages sociaux, sous la seule condition de la réussite préalable, et le principe de la non-intervention, c'est-à-dire l'impunité assurée à tous les révolutionnaires et l'isolement à tous les pouvoirs légitimes, grâce à la partialité avec laquelle on applique le principe posé en termes généraux. Ces subtilités diplomatiques ne trompent plus personne et elles n'ont fait que rendre le mal plus évident.

Les hommes sensés le voient bien, et M. de Riancey se posant cette question dans l'*Union* du 7 mai 1867 : « Pourquoi l'Europe se prépare-t-elle à la guerre qui la terrifie ? » y répondait avec tous les hommes de bonne foi :

« Parce qu'elle ne se sent pas la puissance, je dis « la puissance morale de l'éviter ; parce qu'elle

« glisse sur une pente fatale où l'entraîne une lo-
« gique contre laquelle elle n'a aucune ressource
« réelle de réaction.

« Et d'où vient donc cette impuissance ? De ce
« qu'elle n'a pas à opposer au canon la seule auto-
« rité capable de le faire reculer : le droit.

« Où le droit ne règne pas, la force s'impose.
« Qu'est devenu le droit en Europe ? J'entends le
« droit des peuples comme celui des rois : le droit
« des Hanovriens, des Hessois, comme le droit des
« Napolitains, des Toscans et des Romagnols; le
« droit du roi Georges, comme du roi François, et
« par-dessus tout le droit du Pape ? Où sont les ga-
« ranties de la liberté des États et de l'indépen-
« dance des nations ? Annexion hypocrite ou con-
« quête violente, voilà ce que l'Europe a laissé
« faire, ce qu'elle a encouragé, ce qu'elle a reconnu.
« Avec un tel système, les traités ne sont plus que
« des lettres mortes (traité de Zurich, etc.), la foi
« jurée qu'une déception, le droit qu'un vieux mot
« dont on se moque, qui ne protége plus les faibles
« et qui ne trompe que les simples. Dès lors, c'est
« à qui conjuguera sur tous ses modes le verbe
« *prendre,* et l'unique ressource de ceux qui ne veu-
« lent pas être pris ou qui veulent prendre à leur
« tour, c'est de s'armer jusqu'aux dents.

« A l'uniforme près, c'est l'état du monde au
« temps d'Attila.

« Répétons-le donc à la veille d'une paix nécessai-
« rement précaire et à l'avant-veille d'armements

« inévitables : l'Europe n'aurait qu'un seul moyen
« de salut, ce serait de revenir au droit, au vieux
« droit, en tout et partout. En aura-t-elle le cou-
« rage ? La paix, la paix véritable, honorable et
« sûre, n'est qu'à ce prix. »

L'empereur Napoléon III avait dit, le 14 février
précédent, dans son discours d'ouverture des Chambres : « L'influence d'une nation dépend du nom-
« bre d'hommes qu'elle peut mettre sous les armes. »
Voilà où l'on en arrive quand on a foulé aux pieds
dans l'Europe entière tous ces principes de justice
et d'autorité morale ; *la loi du plus fort*. L'aveu ne
pouvait pas en sortir d'une bouche plus autorisée
ni être fait dans une circonstance plus solennelle,
mais il eût mieux valu prendre en main, dès le principe, la cause de l'équité internationale et enseigner au monde qu'il y avait quelque chose de plus
puissant que la guerre et de plus respectable que
la victoire.... le droit.

Le pouvait-on ? Et si on ne le pouvait pas, n'est-
ce pas à cause d'un vice originel ?

Vers la même époque, le *Punch* de Londres constatait que le besoin d'un policeman se faisait généralement sentir en Europe ; mais comment, ajoutait-
il, en confier les fonctions à qui n'est pas à l'abri de
la tentation à l'endroit des poches de ses voisins ?

Toute la question est là : pour prêcher le respect
des principes, il faut les respecter soi-même et les
avoir toujours respectés ; il faut plus !... il faut en
être la vivante expression.

III.

DOUBLE RÉVOLTE CONTRE LE PRINCIPE D'AUTORITÉ
FORMANT OBSTACLE A LA MARCHE DU PROGRÈS,
NÉCESSITÉ DE RENOUER LES TRADITIONS SOCIALES.

> Progrès, de *progredi,* signifie avancer,
> élever, réparer; révolution, de *revol-*
> *cere,* veut dire retourner, renverser,
> détruire.
>
> (L'AUTEUR.)
>
> Dieu est bon ouvrier, cependant il
> veut qu'on l'aide.
>
> (Proverbe basque.)

Que signifie le mot *progrès?* Tiré du latin *progredi,*
il veut dire marche en avant, avancement d'un état
acquis vers un état plus parfait, plus élevé ou plus
grand, amélioration de toute chose, *progressus.* Au
contraire, le mot *révolution* vient de *revolvere,* retourner, revenir, renverser; c'est-à-dire retourner
sur ses pas au lieu d'avancer, bouleverser ce qui
existe déjà, détruire au lieu d'améliorer, renverser
au lieu d'élever. Il y a souvent plus de logique que
l'on ne croit dans les mots, et il serait facile de prouver par l'histoire qu'en effet presque toutes les révolutions ont retardé le progrès, et que si, en der-

nier résultat, elles l'ont hâté quelquefois, elles ne l'ont jamais accompli elles-mêmes; le plus souvent les peuples qui les ont faites n'y ont gagné que le despotisme.

Pour nous, la révolution est une révolte de l'homme contre le plan de Dieu, qu'il ne comprend pas, faut-il ajouter à sa décharge, et dont la réalisation naturelle lui assurerait, bien plus sûrement, tous les avantages qu'il cherche d'un autre côté. Il y a longtemps que Malebranche l'a dit : *l'erreur est la cause de la misère des hommes.*

Comme nous croyons l'avoir démontré, le progrès n'est que l'application de plus en plus parfaite des grands principes de la civilisation chrétienne dans la vie privée et dans la vie publique des individus et des peuples. La morale évangélique, remplaçant le débordement de toutes les passions du paganisme, peut seule rétablir l'ordre dans les rapports économiques, aujourd'hui fondés sur le travail libre et sur la justice substitués à la compression, au despotisme et à la force. C'est ainsi que doivent régner dans le monde, à la suite de toutes nos luttes, la liberté, l'harmonie et la paix. Mais cette harmonie sociale, comme toute harmonie, du reste, ne peut se conserver et se perfectionner qu'à la condition de respecter la loi même de son harmonie, loi dont la conservation est confiée à une double autorité : *l'autorité religieuse,* qui reste dans le secret des âmes et des cœurs, dans le for intérieur, et n'a de sanction que dans une autre vie : *Mon royaume n'est pas de ce monde*, a dit le Christ; et l'*autorité civile*, qui réprime par le bras séculier, au for extérieur, c'est-à-dire en tant que le désordre se produit extérieurement et attente à l'ordre social, qui représente, en un mot, guide et gouverne la nation.

A ces deux ordres d'autorité correspondent, dans l'ordre des idées, deux grandes révolutions qui sont venues entraver la marche de l'humanité vers le complet développement de la civilisation chrétienne et éloigner le règne de cet âge d'or que les païens plaçaient à l'origine du monde, parce qu'ils sentaient bien qu'ils s'en éloignaient chaque jour, et que notre instinct nous montre devant nous depuis que le christianisme a remis l'humanité sur la véritable voie du progrès.

La première, inaugurée par Luther, qui, sous prétexte d'émanciper le chrétien, a nié l'autorité dans sa forme religieuse; la deuxième, que l'on peut faire remonter à Rousseau, et qui, pour dégager le citoyen de tout lien, a nié l'autorité dans sa forme politique. L'une donnant pour seul fondement à la religion la conscience individuelle et la morale indépendante; l'autre, pour base unique à la société la volonté de l'homme et l'opinion des masses; c'est-à-dire toujours l'homme se mettant à la place de Dieu, *homo sibi Deus;* et, par suite, l'isolement, l'égoïsme, l'individualisme, en politique comme en religion.

Je sais bien que les hommes que j'ai nommés

n'ont pas tiré, n'ont peut-être même pas prévu
toutes les conséquences de leurs théories. Luther
serait le premier à repousser les idées anti-chré-
tiennes et athées que professent beaucoup de ministres protestants actuels, et il a pris contre Mélanch-
thon la défense du dogme attaqué de la présence
réelle; Rousseau, esprit paradoxal et faux, n'avait
pas vu dans son *Contrat social* quatre-vingts ans
de révolutions pour aboutir au despotisme des
Napoléon ou au communisme de Cabet.

Mais la marche insensible du temps et la logique
des siècles ont amené l'enchaînement successif et
forcé des déductions théoriques et de leurs applications pratiques, et, partis d'un faux principe, nous
devons aujourd'hui rendre grâces à Dieu, qui semble,
dans le siècle où nous vivons, vouloir tirer le remède
de l'excès même du mal, en employant à notre
égard ce que l'on appelle en mathématiques la preuve
par l'absurde. Tout indique, en effet, que nous touchons à un temps où les conséquences extrêmes en
toutes choses ont été formulées, dans les théories
abstraites et dans le domaine des faits, de manière
à ouvrir les yeux aux esprits droits et aux cœurs
honnêtes de toutes les classes et de tous les camps.

L'état actuel du protestantisme nous offre l'exemple le plus frappant de la marche intellectuelle que
nous voulons signaler, et sans faire ici de la polé-
mique religieuse, qu'il nous soit permis d'en étudier
l'histoire à ce point de vue et avec la plus grande
impartialité; on verra combien elle est instructive.

Luther et Calvin lui-même, tout en se séparant de l'autorité du Pape, conservaient presque tous les dogmes de la religion catholique, et sévissaient même avec une intolérance sanguinaire contre ceux de leurs premiers adeptes qui voulaient aller plus loin qu'eux : montrant par là à quel point ils jugeaient nécessaire de conserver à leur profit l'autorité contre laquelle ils se révoltaient eux-mêmes, et combien ils ignoraient que le droit de la force ne peut jamais remplacer pour longtemps la force du droit. Mais le temps et la logique sont venus ébranler tout ce qu'il y avait de mal cimenté dans les remparts dressés par eux contre les excès et les abus qu'ils redoutaient avec raison.

Aujourd'hui, fidèle à son vice originel plus qu'à la volonté de ses fondateurs, le protestantisme, malgré la Confession d'Augsbourg qui devait être son credo de Nicée, malgré les tentatives de tous les temps pour trouver une base d'autorité et une règle de croyance, voit beaucoup de ses membres, et surtout de ses pasteurs, attaquer de proche en proche les points les plus fondamentaux de la croyance chrétienne, jusqu'à nier la divinité du Christ. La question religieuse ne se pose plus sur des points secondaires, s'il est possible de qualifier ainsi des divisions qui contenaient en germe celles que nous constatons aujourd'hui, et entre gens qui prétendaient conserver intact le concept religieux, mais entre ceux qui croient au supernaturalisme et ceux qui, sous les apparences de rationalisme, nient toutes les bases de notre foi et en combattent, sous toutes les formes, la manifestation et les conséquences. Partout nous retrouvons ces deux camps nettement tranchés dans les sectes séparées de l'unité qui, privées d'autorité et de principes absolus, se sont trouvées sans défense devant les attaques des logiciens de l'erreur.

En Angleterre, une partie notable du clergé schismatique en est arrivée à nier les dogmes les plus fondamentaux du christianisme, sans qu'aucune autorité puisse combattre leurs excès. C'est ainsi que le docteur Colenso, évêque de Port-Natal, et le docteur Thiriwal, évêque de Saint-David, suppriment tout corps ecclésiastique, contestent l'inspiration de l'Écriture sainte dans toutes ses parties et nient la divinité de Jésus-Christ. C'est là ce que nos voisins appellent l'Église large *(broade Church);* elle réunit l'adhésion des membres les plus intelligents de l'Église établie que le mouvement vers le catholicisme n'a pas entraînés dans le sens opposé.

De semblables énormités, prêchées par leurs ministres, ouvrent les yeux aux gens de bonne foi et provoquent chez les anglicans religieux un effroi salutaire et un mouvement de recul que favorisent les études vraiment consciencieuses et impartiales de leurs savants sur les origines de la Réforme et sur les premiers siècles de l'Église. C'est là qu'il faut voir la cause de ce mouvement progressif qui s'est affirmé, d'abord, dans le dernier siècle, par le méthodisme, qui conserva l'esprit religieux sans revenir au dogme ; plus tard, par le ritualisme qui s'attacha à la forme plus qu'au fond ; puis par l'école d'Oxford et le puséysme, comme acheminement, et qui s'épanouit enfin au soleil de la vérité par les conversions au catholicisme si nombreuses parmi les hommes les plus illustres, les plus instruits et les plus considérables de l'Angleterre. Voilà où en est conduite insensiblement, mais fatalement, aujourd'hui individuellement, demain peut-être en masse, ce que l'on est convenu en Angleterre d'appeler la haute Église *(high Church)*, et cela sans qu'il y ait parti pris d'avance, complot ou entente secrète, mais par la seule force de la logique et du bon sens.

Entre les deux le protestantisme officiel est tué, autant par ses recours imprudents à l'autorité temporelle (cour des arches et du conseil privé) que par son impuissance à conserver un simulacre de symbole, et cela malgré les efforts de tous ceux qui ont intérêt à conserver l'état de choses légal et malgré l'appui de la presse orthodoxe.

En Suisse, où les situations sont bien différentes. la question se pose cependant à peu près dans les mêmes termes entre le christianisme dit libéral et le christianisme orthodoxe, et les protestants qui veulent encore croire quelque chose et conserver quelque attache avec le christianisme sérieux sont désolés. Eux aussi sont obligés de se laisser glisser jusque dans le matérialisme pur et l'athéisme, ou de venir demander leur salut au catholicisme. Voilà pourquoi Genève, la vieille capitale du calvinisme et la place forte des pamphlétaires du XVIIIᵉ siècle, compte aujourd'hui vingt-cinq mille de ses citoyens catholiques, est forcé d'accueillir un évêque et un nombreux clergé orthodoxe, et voit déjà deux églises s'élever à côté de ses temples.

En France, enfin, M. Guizot, qui n'est point un catholique, parlant il n'y a pas longtemps dans une réunion protestante, soutenait que la question suprême qui préoccupe aujourd'hui les esprits, c'est la question posée entre ceux qui reconnaissent et ceux qui ne reconnaissent pas un ordre surnaturel certain et souverain, quoique impénétrable à la raison humaine, la question posée entre le *supernaturalisme* et le *rationalisme;* plaçant d'un côté les incrédules, les panthéistes, les sceptiques de toute sorte, les purs rationalistes, et de l'autre les chrétiens. Et il avait raison. Que n'allait-il plus loin en reconnaissant que les principes et le programme *chrétiens* ne se retrouvent entiers, complets et absolus que sous la houlette du Pape et dans le catholicisme romain, et que là seulement ils peuvent être défendus efficacement contre les attaques de l'incrédulité. (Voir note V.)

On peut dire dès aujourd'hui que, pour le penseur, le protestantisme n'existe plus comme religion et comme doctrine; en adoptant les termes employés par M. Guizot, il faut, si l'on accepte la croyance au *supernaturalisme*, être catholique romain et papiste, et si l'on met le pied dans le camp des *rationalistes*, les suivre jusqu'aux dernières conclusions de l'esprit révolutionnaire ; toute position intermédiaire n'est pas tenable. C'est ce que Proudhon, avec sa logique inflexible et son style un peu rude, a constaté en ces termes : « Le protestantisme « est mort : il n'y a que des fagoteurs germaniques « qui puissent se dire chrétiens en niant l'autorité « de l'Église et la divinité du Christ. » (*La Fédération et l'unité en Italie,* p. 22.)

Du reste, la question plane bien au-dessus du protestantisme ; mais c'était là un terrain où les deux situations devaient mieux se dessiner justement, parce que le défaut de dogme précis, de croyance positive et de caractère absolu laissait le champ ouvert à toutes les conceptions particulières, à toutes les sectes philosophiques, à toutes les tendances religieuses, hélas ! et antireligieuses. Voilà pourquoi nous avons étudié ici la question avec quelques détails ; mais il ne faut y voir qu'une manifestation de cette grande division que nous avons signalée, avec M. Guizot, entre ceux qui croient et ceux qui ne croient pas au *supernaturalisme,* c'est-à-dire entre les *chrétiens* de toutes les religions et les incrédules de toutes les sectes. Nous ajoutons seulement à la remarque de M. Guizot cette conclusion tirée des faits eux-mêmes et très importante pour notre discussion, à savoir que l'Église romaine, qui a *seule* conservé le dépôt de la vérité dans sa forme absolue, peut seule aujourd'hui repousser l'erreur avec autorité.

Tout champion des sentiments religieux et chrétiens qui ne se placera pas sur ce terrain élevé et solide, se sentira bien vite sur un sol glissant et mouvant qu'il est impossible de défendre.

Dans un autre camp, Proudhon ne voit pas la chose autrement que nous : frappé de l'objection tirée de la nécessité d'une vie future, d'une sanction supérieure, d'une autorité capable de juger entre le bien et le mal, d'un Être suprême enfin, il s'efforce en vain, dans un ouvrage fameux, de donner une nouvelle base à la justice sur la terre, et s'adressant avec mépris à ceux qui attaquent la religion sans oser aller aussi loin que lui, il juge ainsi leur inconséquence :

« Généralement dans le monde éclairé on se sé-
« pare ostensiblement de la pure orthodoxie, on
« sourit de la révélation telle que la proposent les
« Écritures : on rejette les prophéties, les miracles,
« toutes les naïvetés de la légende. Mais on aime
« à se dire spiritualiste, théiste : on admet volon-
« tiers une inspiration, une action permanente du
« ciel dans l'humanité ; on s'incline devant la Pro-
« vidence ; on regarde comme un monument de
« cette influence d'en haut la propagation de l'Évan-
« gile : on n'est pas loin de dire, avec Napoléon,
« que le Christ était plus qu'un homme. Tout cela
« a-t-il le sens commun? Est-ce que la révélation
« et tout ce qui s'ensuit n'est pas impliqué dans
« l'hypothèse spiritualiste, la théologie déterminée
« *à priori* par la notion de Dieu et de ses rapports

« avec l'homme? Et cette théologie ou théodicée
« peut-elle être autre chose que le *catholicisme?* Or,
« si le christianisme n'est autre chose que le *déve-*
« *loppement nécessaire, théorique* et *pratique* du con-
« cept religieux de quelque manière et à si faible
« degré qu'il se pose, n'est-il pas d'une *souveraine*
« *déraison,* pour ne pas dire d'une *insigne mauvaise*
« *foi,* sous prétexte d'épuration religieuse ou de
« théologie rationnelle, de ramener les esprits de
« quinze, vingt ou trente siècles en arrière et de
« leur présenter cette rétrogradation comme un
« progrès?.... Mais toutes ces idées de vie future,
« de révélation, de sacrements, d'église, de culte,
« de sacerdoce, ne forment-elles pas, dans l'entende-
« ment humain comme dans la pratique des nations,
« une chaîne indissoluble?.... Jamais, ajoute-t-il,
« je n'eusse contesté l'autorité de l'Église si, comme
« tant d'autres qui se font ses compétiteurs, j'ad-
« mettais pour la justice la nécessité d'une garantie
« surnaturelle. Je n'aurais pas cette présomption
« étrange, partant de l'hypothèse que l'idée de Dieu
« est indispensable à la morale, de me croire plus
« capable que l'Église de déduire en théorie et de
« réaliser en pratique une telle idée. » (*De la justice
dans la Révolution et dans l'Église,* p. 31, 33, 35 et 36.)

Pour lui, il est logique, c'est un mérite que tout
le monde lui reconnaît, aussi fonde-t-il sa théorie
nouvelle sur l'*athéisme;* pour mieux dire, il se déclare par trois fois champion énergique de l'*antithéisme;* la distinction est de lui.

C'est bien là, en effet, la dernière conséquence de la négation du principe d'autorité au point de vue religieux.

Le *Contrat social* a été la manifestation du rationalisme en politique.

On a dit depuis longtemps que l'hypothèse sur laquelle il se fonde était aussi fausse que la théorie que l'on voulait en tirer était dangereuse. En réalité, il est impossible de remonter par la pensée vers les origines sociales, sans reconnaître comme premier type des associations humaines la famille avec le principe de l'autorité résidant dans le père. Mais la nature n'a pas seule constitué cette autorité et le décalogue l'a couverte de sa sanction divine : *Tes père et mère honoreras.* Aussitôt que l'enfant est grand, la nature l'émancipe; c'est uniquement en vertu de la loi morale, écrite ou naturelle, que les enfants respectent leurs parents dès qu'ils n'en ont plus besoin; on peut donc dire que l'autorité paternelle tient plus de l'ordre divin que de l'ordre naturel.

A mesure que les familles devenues des tribus se sont constituées en nations, elles ont diversement établi les conditions du pouvoir central et de sa transmission : chacune a ses traditions sur ce point, nous étudierons plus tard celles du peuple français; mais tous les peuples l'ont respecté comme une émanation de l'autorité même de Dieu, non qu'il en dérivât en fait, mais parce qu'il la représentait en principe. C'est ce que saint Thomas expri-

mait par cette formule : *Potestas a Deo per populum.*
(Summa de legibus.) C'est ainsi que nos vieilles traditions françaises, à côté du principe d'hérédité et
de la loi salique qui désignaient le souverain par la
volonté populaire, avaient la cérémonie du sacre
qui lui conférait comme une investiture divine et
lui rappelait ses devoirs et ses obligations envers la
nation. Peuple et souverain apprenaient ainsi que la
source et la force de toute autorité doivent remonter
nécessairement à une puissance supérieure, que
Dieu est l'origine et la sanction suprême de toute
puissance légitime, et qu'il faut au fond de toute
constitution sociale des lois non écrites ailleurs que
dans le cœur et les mœurs des nations et que l'on
respecte comme si elles émanaient de Dieu même.

Ce respect de l'autorité, on l'a détruit quand on
en a placé l'origine non plus en Dieu même, mais
dans une espèce de soumission volontaire de chacun
à la volonté collective de tous.

On peut dire que la Révolution française fut le
premier fruit de cette théorie dangereuse : il suffit,
en effet, d'étudier un tant soit peu, dans les documents du temps, le mouvement de 1789, pour demeurer bien convaincu que la nation française
n'avait point l'intention de bouleverser dans ses
principes sa constitution nationale et séculaire. Il
s'agissait d'améliorer et non de détruire; la partie
saine de la nation voulait revenir à ses traditions
primitives, à ses lois fondamentales, que nous étudierons plus tard; tous voulaient respecter l'auto-

rité du roi et obtenir de la royauté qu'elle respectât, comme jadis, celle des assemblées de la nation.

‹ Comment donc tous ces députés, élus avec un mandat limité et porteurs de cahiers délibérés, au lieu de demander la réforme de certains abus, le contrôle des finances, la réunion périodique des États généraux, osèrent-ils élaborer une constitution toute nouvelle? C'est, évidemment, parce qu'ils étaient imbus de cette idée fausse qu'une constitution n'était qu'un contrat social, qu'ils pouvaient dès lors le défaire et le refaire, sans songer que, en eussent-ils eu le droit et reçu la mission, c'était une folie de détruire en un jour les traditions, les lois fondamentales, les combinaisons de pouvoir dans lesquelles, pendant des siècles, la nation française avait puisé sa force, sa puissance et sa légitime influence dans le monde.›(Note VI.) Au lieu de conserver les grandes lignes, les nobles proportions, les sages combinaisons de la vieille constitution nationale qui faisait déjà l'admiration de César et qui s'était épurée et perfectionnée pendant quatorze siècles, on fit table rase, et le peuple le plus ancien de l'Europe moderne fut condamné à essayer successivement les constitutions les plus insensées, sorties tout d'une pièce du cerveau d'un rhéteur ou de l'audace d'un despote.

Mais bientôt le vaste champ des constitutions politiques ne suffit plus à l'activité de tous ceux dont on avait ainsi excité l'imagination ; les réfor-

mes sociales les plus violentes et les plus radicales
furent prêchées chaque matin dans les journaux,
chaque soir dans les clubs; il ne restait plus qu'un
pas à faire pour tenter d'imposer par la violence
un remède assuré à des maux trop certains, et on le
fit. La conjuration de Babeuf est on ne peut plus
intéressante à étudier à ce point de vue; les socialistes de 1848 ne sont que ses pâles plagiaires; on
peut s'en convaincre par un rapide examen des documents historiques et officiels reproduits à la fin
de ce volume. (Note VII.)

Tous les liens sociaux furent détruits, tous les
ressorts du progrès si admirablement cachés par la
divine Providence dans le jeu naturel des lois économiques furent brisés; la propriété, récompense
du travail et de l'épargne, fut déclarée illégitime; la
responsabilité individuelle, stimulant de l'effort et
de l'intelligence, fut remplacée par le droit au travail ou, pour mieux dire, au désœuvrement; le salaire, naturellement proportionné au mérite et au
labeur, fut réclamé par le plus gourmand au détriment du plus laborieux (en proportion des besoins
de chacun); on demanda à des lois de maximum,
c'est-à-dire à l'immixtion de l'État, la fixation de la
valeur de chaque chose, au lieu de laisser libre le
jeu naturel de l'offre et de la demande; l'alliance si
féconde du capital, qui n'est que le travail passé
accumulé, et du travail actuel fut attaquée comme
une illusion et dénoncée comme une exploitation;
enfin, la constitution de la famille, ce premier élé-

ment de tout état social, fut attaquée avec audace
et démolie avec acharnement (1).

Ce ne sont pas là de vaines déclamations. Owen,
en Angleterre et en Amérique, avec ses cités har-
moniques; Joseph Smith et Brigham Young, grands
prêtres des Mormons, sur les bords du Lac-Salé, avec
leur polygamie et leur pouvoir théocratique ; Four-
rier avec son phalanstère, Cabet avec son Icarie,
sont tous partis du même point. Tous les réformateurs modernes à leur suite demandent le renverse-
ment de la société, afin de substituer au plan divin
leurs idées et leurs rêves, logiquement au moyen
d'un nouveau contrat social, et pratiquement par
la violence, l'émeute, le désordre, et ensuite par le
despotisme le plus absolu et le plus cruel, nécessaire pour soumettre à leurs vues des volontés qui
protesteront, des intérêts qui résisteront, des habitudes qui persisteront longtemps, et des droits qui
s'affirmeront toujours dans les consciences.

Et tout cela pour arriver à un contrat qui, vicié
dans sa base même et dépourvu de sanction, n'a
rien d'irrévocable et condamne fatalement la société à des bouleversements continuels et périodiques.

Proudhon, qui semble quelquefois avoir reçu de

---

(1) Par exemple, par M. Émile de Girardin, qui, inspiré peut-être
par son propre état civil, a publié un volume de 428 pages intitulé :
*La Liberté dans le mariage par l'égalité des enfants devant la
MÈRE*. Le livre tient tout ce que ce titre promet d'excentricité.

Dieu la mission providentielle de pousser logiquement un principe faux jusqu'à ses conséquences
absurdes, l'a fort bien compris ainsi, et il nous déclare, dans ses *Contradictions économiques,* que :

« Dans une démocratie, il n'y a lieu, en dernière
« analyse, ni à constitution, ni à gouvernement.
« La politique dont on a écrit tant de volumes et
« qui fait la spécialité de tant de grands génies, la
« politique se réduit à un simple contrat de garantie
« mutuelle de citoyen à citoyen, de commune à
« commune, de province à province, de peuple à
« peuple, variable dans ses articles suivant la ma-
« tière et révocable *ad libitum* à l'infini. »

' Mais un contrat révocable *ad libitum* de chaque
partie et à l'infini n'est plus un contrat ; il ne reste
donc rien.' Voilà comment Proudhon, que nous
avons vu ailleurs fixer le terme logique de toute
négation du pouvoir religieux, détermine le résultat final et forcé de toute tentative contraire au
principe d'autorité en politique.

' Voilà où nous conduit la logique dans l'erreur ;
et, de fait, depuis le serment fatal du Jeu de Paume,
par lequel les députés de 1789, violant leur mandat, s'engagèrent à changer notre antique constitution française, au lieu de la rétablir,(note VIII), la
France s'est vue ballottée entre l'anarchie et le despotisme ; c'est-à-dire entre le défaut d'autorité ou la
constitution, en dehors de ses véritables bases légitimes, d'une autorité exagérée et violente qui, dé-
pourvue de force morale, devait tourner au despo-

tisme, parce que toute autorité qui n'a pour base
que la force ou la corruption doit nécessairement
en abuser.

Mais il fallait passer par tout cela pour que le bon
sens public en fît justice et reconnût plus sûrement
le vrai du faux. C'est en cela que consiste la preuve
par l'absurde du bon Dieu.

Il appartient aujourd'hui au bon sens public de
conclure, et sa conclusion doit l'amener à reconnaître la nécessité d'un retour vers les traditions
du passé.

Les études économiques et sociales de plus en
plus répandues ont déjà fait dans ce sens un mouvement des plus signalés, bien que les hommes qui
s'occupent de ces questions aient été les seuls à le
remarquer. Au moment où éclata la révolution de
1848, la classe ouvrière fut entraînée non-seulement
par les passions politiques, qu'on lui communique
si facilement en tout temps, mais surtout par les
rêves et les utopies les plus absurdes en fait d'organisation du travail, de banques d'échange, de
partage des biens, etc.... Il n'est plus question de
rien de tout cela en 1870.

Les expositions universelles de Paris et de Londres, en rapprochant les patrons et les ouvriers du
monde entier, les ont portés à étudier et à comparer
non-seulement leurs produits, mais les institutions
mêmes du travail chez les différents peuples. L'esprit pratique des masses a fait prompte justice des
conceptions décevantes de tous les rêveurs. On ne

rêve plus, on calcule; tandis que les socialistes les plus en vogue en 1848 rêvaient comme de vrais hallucinés. (Voir note IX.) L'économie politique est aujourd'hui une science, j'allais dire une science exacte, et comme elle a la prétention de prêcher l'application des lois de la justice et de l'équité aux relations sociales, elle a dû contribuer, pour sa part, à ce travail nécessaire de restauration.

L'harmonie entre tous les intérêts, aujourd'hui admise en principe par les économistes, nous conduit nécessairement à la liberté sous la sanction de la responsabilité individuelle et de la contrainte morale prêchée par la religion et reconnue nécessaire par la science.

Il y a loin de tout cela au scepticisme du XVIII siècle et au despotisme enfanté par lui.

Après trente ans d'études et de voyages, M. Le Play, inspecteur général des mines, commissaire aux Expositions de 1855, 1862, 1867, présente, dans un ouvrage considérable, la monographie de familles ouvrières prises dans toutes les professions et dans tous les pays; après ses *Ouvriers européens* paraît *La Réforme sociale,* et quand il veut dégager les conclusions de toutes ses études comparées et de sa longue expérience, il intitule son œuvre : L'Organisation du travail selon la coutume des ateliers *et la loi du décalogue.* (Paris, A. Mame et fils, 1870.)

M. Le Play n'est pas le seul à soutenir ces théories, économiques, et, malgré la société l'Internationale, qui cherche à envenimer la question dans un but politique plutôt qu'économique, il se fait partout de louables efforts pour cimenter l'union des bons ouvriers et des bons patrons: l'un amène l'autre. Partout, aujourd'hui, dans les grandes usines, comme dans les petits ateliers, le sort des ouvriers préoccupe sérieusement les patrons. Elles sont de plus en plus nombreuses ces familles de tout rang qui, comme dit M. Le Play, « vouées à l'agricul- « ture, à l'industrie et au commerce, prospèrent et « se perpétuent sous la salutaire influence du tra- « vail, de la coutume et du décalogue. Ces familles, « même dans les plus humbles situations, possèdent « la science la plus utile, celle qui maintient l'u- « nion parmi les hommes. Elles se reconnaissent « toutes à un même caractère : elles exercent sur « leurs collaborateurs et leurs voisins l'autorité lé- « gitime qui se fonde sur le respect et l'affection. » M. Le Play les appelle les *autorités sociales,* et affirme qu'en fait, chez les peuples prospères, elles dirigent partout la vie privée et le gouvernement local.

Eh bien ! ces saines influences s'efforcent depuis longtemps de renouer les traditions sociales, parce qu'elles y ont vu le salut de leur fortune, de leur industrie et de leur patrie. L'exemple, venu de haut, sera étudié loyalement et imité avec ardeur. Il y a là un élément de rénovation sociale dont on ne saurait trop apprécier la portée.

Au point de vue religieux, cette restauration est faite et elle prend, dans la crise terrible que nous traversons, le caractère le plus consolant. C'est justement l'erreur des Prussiens d'avoir cru la nation française définitivement corrompue, parce que la triste *camarilla* qui exploitait la France depuis vingt ans scandalisait l'Europe par ses débordements. Oui, les désordres du moderne César et de sa cour égalaient ceux du Bas-Empire ; oui, Paris était une nouvelle Babylone, et beaucoup de ceux qui viennent la châtier et qui la jugent le plus sévèrement sont venus boire à sa coupe enchanteresse ; mais elle se relève et se purifie tous les jours sous la main de Dieu : d'ailleurs, Paris n'est pas la France entière. Au milieu des plus violentes attaques qu'elle ait jamais éprouvées, la religion se relève partout chez nous, rajeunie, épurée, agrandie, s'il se peut, dans ses inspirations : notre clergé français, pauvre et désintéressé, dévoué et zélé, convaincu et modeste, impose le respect et attire les cœurs droits. Nos églises de campagne relèvent leurs voûtes, nos cathédrales réparent leurs clochetons, de toute part l'art chrétien se sent encouragé par la générosité des fidèles ; des entreprises considérables, impossibles il y a vingt ans, se réalisent aujourd'hui par des souscriptions volontaires, tant est grand partout le nombre de ceux qui veulent ainsi affirmer leur foi. Après la prétendue renaissance du XVIᵉ siècle qui nous ramenait l'art païen, il y a là comme un pronostic des plus consolants d'un retour vers les idées chrétiennes et d'une véritable renaissance.

Mais ce n'est là qu'un signe extérieur, le mouve-

ment des âmes qu'il révèle est plus considérable
que l'on ne pense : chaque année, la fête de la résurrection du Christ ramène sous les voûtes trop étroites de Notre-Dame de Paris une foule toujours plus
nombreuse d'hommes recueillis et pieux, où les
rangs, les fortunes, les positions sociales, les opinions diverses se trouvent effacés devant la grande
fraternité chrétienne. Le même spectacle a lieu
dans nos villes de province. Le rire sarcastique de
Voltaire est éteint, et partout aujourd'hui, dans l'armée comme dans la vie civile, on estime et on
respecte un chrétien. On admire les bataillons de
mobiles venus du fond de la Bretagne et qui reçoi-
vent à genoux l'absolution de leurs aumôniers avant
de s'élancer en héros sur le champ de bataille. Le
général Trochu l'avait bien dit : c'est la foi chrétienne qui fait les bons soldats.

Déjà la France a donné des preuves au monde
de ce réveil religieux, et quand un gouvernement
faible et complice a failli à sa mission en abandon-
nant le pontife-roi, elle a spontanément fourni ses
enfants et son or pour défendre ses droits.

Partout ailleurs le même retour se manifeste clairement ; bien aveugles seraient ceux qui le nie-
raient.

L'Angleterre protestante lutte en vain contre les
progrès du catholicisme, et tout récemment elle a
dû, au nom de la justice et de la liberté de conscience, abandonner l'établissement de l'Église d'Irlande. La libre Belgique, malgré quelques mani-

festations des solidaires, est la terre classique du
dévouement à l'Église; la Hollande revient à grands
pas vers l'unité, et elle a fourni plus de zouaves
pontificaux que la France entière. L'Allemagne,
quoique sous des gouvernements protestants, manifeste la plus noble indépendance, et les études les
plus sérieuses de ses savants lui montrent la liberté
religieuse dans le catholicisme. En Orient, la même
pensée conduit l'Église grecque à rechercher la
paix et le repos dans le sein de l'unité; il n'y a pas
jusqu'à l'*orthodoxie russe* qui ne sente la servitude
et l'avilissement qu'elle doit au schisme qui a mis
le pouvoir spirituel entre les mains des tsars. (Voir
note X.)

Dans la Chine, l'Océanie, l'Afrique, les missions
catholiques répandent les éléments de résurrection
et de vie; enfin, en Amérique, et surtout aux États-
Unis, le sentiment de la véritable liberté étouffe les
haines religieuses et favorise les progrès du christianisme. Partout la vérité reprend le dessus, et il y a là
des signes du temps que l'on ne saurait méconnaître.

La France, par son rang à la tête des nations
civilisées, par son intelligence, par ses précédents,
est appelée au plus brillant avenir si elle sait prendre la direction de ce grand mouvement vers les
vrais principes sociaux et religieux; mais il est nécessaire pour cela qu'il s'effectue, tout d'abord, à
l'intérieur, un travail analogue de rénovation, de
justice et d'apaisement au point de vue de sa constitution politique.

IV.

LA LÉGITIMITÉ GARANTIE DE LIBERTÉ ET DE PROGRÈS A L'INTÉRIEUR.

> En France, c'est la liberté qui est an-
> cienne et c'est le despotisme qui est
> nouveau.
>
> (Mme DE STAËL.)

Une nation qui s'affaiblit, a dit Napoléon Ier, doit se retremper dans ses principes; étudions donc les origines de la vieille constitution française, et re- cherchons quelles sont les traditions que nous au- rions à renouer au point de vue politique.

Les Francs, en passant le Rhin, apportaient avec eux les mœurs et la constitution des Germains que Tacite, dans son style si précis, résume en deux phrases (*De moribus et populis Germaniæ*, ch. VII et XI): « *Reges ex nobilitate, duces ex virtute sumunt,* » dit-il d'abord, en ajoutant bien vite: «*nec regibus infinita aut libera potestas;* » et dans un autre passage il nous peint ainsi leurs assemblées populaires : « *de minoribus rebus principes consultant, de majoribus omnes.* »

Voilà le pouvoir monarchique héréditaire avec une double représentation nationale composée d'un grand conseil autour de la royauté et d'une assemblée de toute la nation armée et libre.

Nous retrouvons cette hérédité dès l'origine de notre histoire, et c'est en vertu de ce principe que les quatre fils de Clovis se partagent le royaume, au risque de briser l'unité de la nation.

A ces deux éléments essentiels apportés par les Francs, les Gaulois vinrent mêler un sentiment religieux très prononcé sous les druides, puis éclairé et fécondé par la révélation chrétienne, et un amour profond des libertés municipales importées par les Romains; de telle sorte qu'en définitive la constitution française tient des anciens Francs la monarchie héréditaire et le principe représentatif, des Gaulois les franchises municipales et le principe religieux.

Tout l'avenir de la nation française est en germe dans ces prémices, et toute notre histoire se résume dans l'étude de leur développement progressif et parallèle; notre destinée ne peut s'accomplir que par leur complète expansion dans l'avenir. Il ne s'agit pas, pour sauver la France, de lui imposer une constitution abstraite, théorique, absolue, mais bien d'assurer la floraison normale des germes renfermés dans ses origines, dans ses mœurs, dans ses besoins, et de faciliter ainsi la prompte réalisation de ses destinées providentielles. Or, bien des abus sont venus successivement entraver le développement normal de ces principes. — A côté des premiers rois mérovingiens nous voyons grandir peu à peu le maire du palais, chef élu pour la guerre, *reges ex nobilitate, duces ex virtute.* Cette autorité qui, une fois la nation établie, n'avait plus sa raison d'être, s'efforce d'absorber le pouvoir royal et de s'y substituer; d'élective elle devient peu à peu héréditaire par le soin que chacun met à assurer, de son vivant, l'élection de son fils; enfin, l'usurpation de Pepin, qui devait, disait-il, porter la couronne parce que c'était lui qui tenait l'épée, ramène à l'unité cette dualité du pouvoir que rien ne justifiait plus.

Mais bientôt ces rois de la seconde race, dont l'autorité était viciée dans son origine, se trouvèrent trop faibles pour résister à la féodalité grandissante. Comment, d'ailleurs, arrêter dans leurs empiétements des gens qui ne faisaient qu'imiter la famille des Pepins? A l'exemple des maires du palais, chacun voulut rendre héréditaire son office et ses bénéfices primitivement viagers. Les chefs *(duces)* préposés à l'administration de chaque province devinrent des ducs presque indépendants; les conseillers et compagnons du roi *(comites),* des comtes souverains. A tous ces offices certaines redevances avaient été attribuées pour en compenser les charges et les obligations plus ou moins onéreuses; or, vers la même époque, la culture plus régulière succédait à la culture intermittente des peuples nomades; la propriété et par suite la rente foncière, qui en sont la conséquence, se constituaient ; on confondit deux choses mal définies l'une et l'autre ; la redevance, qui n'était dans le principe qu'une contribution de guerre, et la rente foncière, qui se dégageait mal, se confondirent ; elles devinrent héréditaires en même temps et la féodalité prit naissance. (Voir note XI.)

Avec sa forte organisation hiérarchique, avec l'indépendance qu'elle assurait aux grands feudataires, avec son système héréditaire par voie de primogéniture, elle acquit une puissance qui balança bien vite l'autorité royale et détruisit pour un temps l'unité de la nation.

Le remède sortit de l'excès même du mal ; en présence de l'ambition menaçante des empereurs d'Allemagne, les barons français, réunis à Noyon, comprirent le danger et, après avoir élu roi Hugues Capet, ils établirent l'hérédité du trône dans sa famille par ordre de primogéniture et sans partage possible.

Alors commença une lutte nouvelle. L'unité nationale, assurée contre les partages qui avaient suivi la mort de Clovis et celle de Clotaire, fortifiée par une tradition permanente et par une succession régulière, reprit successivement, par la force, par les mariages, par la diplomatie, toutes nos provinces démembrées. La royauté arracha partout le peuple à l'oppression de la féodalité, affranchit nos communes, réprima les abus, rétablit la représentation nationale, reprit enfin ses positions perdues.

« Pendant toute la troisième race, dit un historien,
« la France semble occupée à remonter le fleuve
« des âges pour retrouver les principes qui avaient
« présidé à sa formation et constitué son unité. »

Cette période de restauration pour la monarchie
fut aussi une période de restauration pour les libertés publiques, tant leur sort est intimement lié
dans notre histoire.

Les premiers Gaulois se réunissaient au Champ-
de-Mars, toute la nation armée assistait à ces
réunions et le roi ne décidait rien sans eux. Clovis II
le déclare à l'assemblée de Clichy-la-Garenne :
« Parmi les obligations que m'imposent mes de-
« voirs, celle de régler toutes mes démarches sur la
« loi, de ne prendre aucun parti dans une affaire
« importante qu'après avoir recueilli vos suffrages,
« et de m'interdire toute innovation que vous n'au-
« riez pas approuvée, tient à juste titre le premier
« rang. »

Charles Martel, Pepin, souverains de fait, mais
non de droit, et, par suite, souverains despotiques,
supprimèrent ces assemblées ou les éloignèrent; il
n'y en eut que huit sous Pepin, pendant un règne de
vingt-six ans; encore n'était-ce pas de véritables assemblées nationales. Charlemagne, confirmé par une
génération déjà écoulée, raffermi par sa gloire militaire, les rétablit, et il y eut sous son règne deux
placites ou assemblées nationales par an; *bis in
anno placita tenerentur*.

Ces assemblées, dont les plus remarquables sont

celles de 424, 490, 499, 534, 742, 754, 840, 878, 893, 896, avaient bien le caractère législatif ; c'est dans leur sein que furent débattues et adoptées la loi salique, les lois des ripuaires, plus tard les capitulaires. Grégoire de Tours nous apprend que de son temps (il mourut en 595) les plus pauvres y étaient admis.... *in universis leudis tam sublimibus quam pauperibus,* et Charlemagne, voulant réprimer l'indolence de ceux qui négligeaient de s'y rendre, prononce des amendes décroissantes contre les nobles, les bourgeois et les paysans (1).

On voit que le suffrage universel (et qui plus est obligatoire) était inventé avant la révolution de 1848.

Quand les Francs furent établis dans la Gaule entière, quand les vaincus, ne formant plus qu'un peuple avec eux, eurent acquis les mêmes droits civils, la réunion matérielle de tous les guerriers de la nation ne fut plus possible. Inspirés par les vieilles traditions germaines, nos pères trouvèrent bien vite la solution de la difficulté ; nous l'avons déjà dit avec Tacite, *de minoribus rebus principes consultant, de majoribus omnes ;* les assemblées nationales ne se composèrent plus que de délégués, mais elles ne traitèrent que des affaires ordinaires, *de minoribus ;* les affaires plus importantes, préparées en projet, étaient envoyées aux gouverneurs de province, alors

---

(1) On lit, en effet, dans un capitulaire : *Qui de nobilioribus ad placitum mannitis contempserit, solidos quatuor componat, ingenui duos, liti unum.*

connus sous le nom de comtes, qui convoquaient les assemblées provinciales, et le projet ne devenait loi que si la majorité des comtés l'adoptait (1).

Ce furent ces traditions, un moment étouffées par la féodalité, qui se réveillèrent sous la troisième race dans les États provinciaux et généraux, et l'on retrouve dans leurs débats la nation professant et défendant toujours les mêmes principes, acceptés, du reste, et reconnus alors par la royauté.

Saint Louis n'avait-il pas dit à son fils : « *Garde de lever jamais rien sur tes sujets que de leur gré et con- sentement,* » plus de deux cents ans avant que la même règle ne soit formulée par les États de 1488, presque dans les mêmes termes : « Lesdits États « n'entendent pas que dorénavant on mette sus au- « cune somme de deniers sans les appeler, mais que « ce soit de leur vouloir et consentement, *en gardant* « *et observant les libertés et priviléges du royaume?* »

Le pouvoir législatif des États n'était pas plus contesté, et le principe *lex fit consensu populi et cons- titutione regis* avait retrouvé toute sa force; les dé- putés du peuple arrivaient avec des instructions sur les sujets désignés dans les lettres de convocation et ne s'en écartaient pas en matière grave.

En 1321, les États sont convoqués pour le mois

---

(1) Toutes ces origines de notre constitution peuvent être étudiées avec fruit dans : *La Question du XIXᵉ siècle*, par G. Véran, direc- teur de la *Revue indépendante*. (Paris, Dentu, 1866.) Malheureuse- ment, c'est un volume de 700 pages, et on ne lit plus, dans notre siècle affairé, que les brochures,... quand elles ne sont pas trop longues.

de juillet ; la lettre adressée aux habitants de Narbonne a été retrouvée ; elle est citée par Thibeaudeau, le conventionnel, historien républicain bien connu : « Nous requérons les bourgeois de Nar-
« bonne, sur leur féauté en quoi ils sont tenus, qu'ils
« élisent quatre personnes des plus sages et des
« plus notables, qui soient instruites et *fondées suf-*
« *fisamment* de faire, aviser et accorder avec nous
« tout ce que vous pourriez faire si vous étiez pré-
« sents. » Puis l'historien cité raconte que le roi Philippe le Long expose à l'assemblée les avantages d'une seule monnaie de bon et loyal poids, *de l'unité des poids et mesures,* etc. Ces avantages sont incontestables et un grand progrès. Sans s'y opposer ouvertement, le clergé représente qu'il est plus convenable de délibérer sur ces questions *dans les assemblées provinciales,* où on les examinera plus mûrement et avec plus de liberté, qu'en présence du roi ; *qu'il n'est pas juste qu'un petit nombre de députés ait le droit d'engager toute la France....* « Ainsi, ajoute-t-il, prévaut le principe que les pouvoirs des députés ne sont pas illimités et qu'il leur faut des pouvoirs spéciaux pour délibérer sur des objets qui ne sont pas déterminés dans les lettres de convocation. » Toute délibération fut donc ajournée jusqu'à ce que les « assemblées provinciales s'en soient occupées. »

Quel respect du droit et quelle leçon pour les députés de 1789 qui, non-seulement sans mandat, mais contre un mandat formel, bouleversèrent notre vieille constitution ; pour les 219 députés de

1830 qui, de leur propre autorité, changèrent la loi
de succession au trône, et pour les usurpateurs de
1848 et de 1870.

Mais les proportions d'un modeste opuscule ne
permettent pas de faire ici l'histoire des États généraux et des libertés de nos pères; chaque jour,
dans nos différentes provinces, des hommes studieux
et impartiaux trouvent dans nos archives municipales, dans nos vieilles bibliothèques, dans des documents oubliés, des témoignages de ces libertés qui
nous surprennent. Que les républicains modérés,
que les légitimistes libéraux s'unissent dans un
égal esprit d'impartialité et de loyauté, pour mé-
diter ces grandes traditions du passé si chères à
nos pères; que les uns et les autres étudient un peu
les documents du temps, ils y verront que la monarchie n'était que la garantie armée des libertés
publiques, et ils comprendront combien M. de
Genoude avait raison quand il résumait ainsi notre
vieille constitution politique : « Le roi, c'est le chef
« héréditaire de la république.... La vérité poli-
« tique se résume en deux mots : république à la
« base, monarchie au sommet. L'élection à l'ori-
« gine des dynasties, le vote universel nommant
« les assemblées nationales périodiques; l'hérédité
« du trône pour assurer la perpétuité de l'ordre;
« autorité indépendante, liberté indépendante, re-
« ligion indépendante. » (Voir note XII.)

Mais n'anticipons pas et reconnaissons tout de
suite que le développement normal de cette consti-

tution véritablement libérale fut arrêté par la faute
de la royauté sortie la première des voies de la
justice et du droit. Après avoir vaincu, avec l'aide
de la nation, les ennemis du dehors et ceux du dedans, la féodalité et le protestantisme, qui ne fut en
France qu'une longue guerre civile, la royauté, ne
trouvant plus d'obstacle devant elle, tendit au pouvoir absolu. Malheureusement les États généraux
n'avaient pas encore solidement établi la loi de leur
périodicité; il dépendait du roi de les convoquer,
il ne les convoqua plus; le Parlement s'attribua
bien un droit de contrôle, mais la constitution du
royaume ne le lui donnait pas; on le traita comme
rebelle, et on le brisa quand il devint trop gênant.
Le cardinal de Richelieu avait déblayé la voie,
Louis XIV y marcha hardiment. Appelé jeune au
plus beau trône du monde, séduit par des rêves de
gloire, adulé par une cour brillante, divinisé par
les poètes, les peintres et les artistes, ne rencontrant
jamais une résistance, une objection, une difficulté,
il se crut un Dieu, et, le succès aidant, la France
entière se soumit. Bientôt à un despotisme qui avait
énervé toutes les âmes succéda la corruption de la
régence et de Louis XV et la sanglante expiation de
Louis XVI. Pouvait-il en être autrement? Le despotisme, avec son pouvoir énervant, avait duré
soixante-douze ans!!

Nous arrivons ainsi au grand mouvement de 1789,
qui fut incontestablement une des plus belles pages
de notre histoire. Mais qu'était-il dans la pensée de

la nation? un retour vers les traditions du passé.
(Note XIII.)

Le 10 février 1789, la noblesse de la sénéchaussée
de Guienne se réunissait chez les RR. PP. Jacobins
de Bordeaux. Le discours d'ouverture, que nous
trouvons dans une brochure du temps, débute ainsi :
« Messieurs les États généraux du royaume seront
« incessamment assemblés, et l'Europe, qui nous
« contemple, va être à portée de juger si les Fran-
« çais sont enfin dignes de la liberté. La nation
« saura-t-elle mettre à profit une époque qui, peut-
« être, ne s'offrira plus, et ressaisir ses droits *en*
« *rétablissant son antique constitution* sur une base
désormais inébranlable?... »

Puis, après avoir exposé les principes qui devront
être adoptés par l'assemblée pour la rédaction de
ses cahiers, l'orateur continue :

« Rendus publics dès ce moment par la voie de
« l'impression, il est vraisemblable qu'ils opére-
« raient le double effet de répandre des idées ex-
« trêmement utiles et de vous concilier le peuple,
« en dissipant les préventions qu'on lui a suggé-
« rées.

« On verra qu'entièrement absorbés dans l'amour
« du bien général, vous écartez toutes les inspira-
« tions de l'intérêt particulier, pour ne vous occu-
« per que *du recouvrement des droits de la nation,*
« du rétablissement de l'ordre, *de la régénération* de
« l'empire français.

« Vous formerez, messieurs, une salutaire insti-

« tution, *qui ramènera les beaux jours de notre an-*
« *cienne gloire....* Vous *rallumerez* dans tous les
« cœurs les étincelles d'un feu *qui ne s'éteindra*
« *plus.* »

Et l'assemblée, partageant ces sentiments, arrête
un canevas du mandat à donner aux députés aux
États généraux qui débute ainsi :

« Nous, membres de la noblesse de la sénéchaus-
« sée de Guienne, convaincus par une funeste expé-
« rience des dangers du gouvernement arbitraire,
« *avons résolu d'employer tous nos efforts pour rétablir*
« *l'ancienne constitution française,* dans laquelle le
« pouvoir du prince et les droits de la nation
« *étaient balancés par le plus juste équilibre;* où tous
« les citoyens étaient également protégés par la
« loi, etc. » L'assemblée indique ensuite les points
que ses députés devront tout d'abord faire ériger
en lois fondamentales du royaume : la périodicité
des États, le consentement de l'impôt, le concours
des États à la confection des lois, la confirmation
des priviléges des villes, le rétablissement des États
provinciaux, la responsabilité des ministres, la
liberté *indéfinie* de la presse. (Voir note XIV.)

C'était, du reste, l'opinion générale dans toutes
les provinces et celle du roi lui-même; on peut re-
lire, pour s'en convaincre, le discours de Louis XVI
à l'ouverture des États généraux, le 5 mai 1789, et
le rapport du comité de constitution contenant le
résumé des cahiers relatifs à cet objet, lu dans la
séance du 27 juillet suivant. (Notes XV et XVI.)

Quoi qu'il en soit, les membres de la noblesse de la sénéchaussée de Guienne exprimaient le désir que ces principes fussent reconnus, dans la forme la plus solennelle, par un acte authentique et permanent,... et l'on ajoute en note : Cet acte ou charte pourrait être intitulé : *Déclaration des droits de la nation française.* C'était une idée sage et féconde mise en avant par des gens pratiques ; au lieu de cela nous eûmes : *la déclaration des droits de l'homme,* conception sèche et abstraite, écrite par des doctrinaires, et cette constitution de l'an V, dont Joseph de Maistre disait, avec sa verve et son bon sens ordinaires :

« Une constitution qui est faite pour toutes les na-
« tions n'est faite pour aucune ; c'est une pure abs-
« traction, une œuvre scolastique faite pour exercer
« l'esprit d'après une hypothèse idéale, et qu'il faut
« adresser à l'*homme* dans les espaces imaginaires
« où il habite.

« Qu'est-ce qu'une constitution ? N'est-ce pas la
« solution du problème suivant : Étant donné la
« population, les mœurs, la religion, la situation
« géographique, les relations politiques, les riches-
« ses, les bonnes et les mauvaises qualités d'une
« certaine nation, trouver les lois qui lui convien-
« nent ?

« Or, ce problème n'est pas seulement abordé
« dans la constitution de 1795, qui n'a pensé qu'à
« l'*homme*. Ce n'est qu'un thème. » (*Considérations sur la France,* p. 89.)

Eh bien ! toutes celles qui ont été données, im-

posées ou octroyés à la France étaient également
des *thèmes*. Nous devons en avoir assez; ce qu'il
nous faut, ce n'est ni une abstraction théorique, ni
une constitution comme en Belgique ou comme en
Angleterre, mais la véritable constitution française
dans tout son développement logique et dans toute
sa perfection, résultat des progrès du temps : nous
les avons payés trop cher, ces progrès, pour ne pas
les trier et les réserver tout en répudiant les excès
et les abus de la Révolution. Hors de là, nous ne
pouvons espérer que le despotisme des aventuriers
ou celui des factions.

Voilà pourquoi le gouvernement régulier qui fut
établi en France après notre grande révolution fut
un gouvernement despotique.

C'est là une voie périlleuse sur laquelle nous n'é-
viterons jamais ces deux écueils.

Pour reprendre aujourd'hui notre marche séculaire et constante vers la liberté, nous devons tout
d'abord, sans briser l'unité nationale, repousser loin
de nous cette terrible centralisation, œuvre du plus
grand despote des temps modernes, Napoléon Ier,
que nous avons conservée par routine et par faiblesse sous tous les régimes. Il n'y a pas de liberté
pratique avec cela ni de lendemain assuré aux plus
sages combinaisons; il n'y a pas d'initiative locale
ni de contrôle sérieux; il n'y a pas d'améliorations
possible ni de vie sociale. Figurez-vous toutes les
grandes orgues de nos cathédrales mises en communication mécanique avec celle de Notre-Dame de

Paris, entendez-les reproduire l'air joué sur son cla-
vier unique par l'organiste parisien, et supposez-le
se louant de cette unité touchante, de cette unis-
son spontané. C'est pourtant ce que fait le gouvernement. Grâce au télégraphe, à la toute-puissance
des préfets, à la presse officieuse de Paris et des départements, on *fait* l'opinion publique et on se loue
ensuite de l'avoir avec soi. Au moyen de ce puissant organisme, la médiocrité bien payée de MM. les
sous-chefs parisiens s'impose à la France entière
avec une morgue qu'il faut voir à l'œuvre, et aux
ministres les mieux intentionnés avec une humble,
mais tenace inertie. En présence d'une résistance
aussi forte, l'énergie de la nation se brise; ce qui
s'est fait se fera; les gens qui raisonnent et qui pensent sont des trouble-fête; *les précédents,* rien que
les précédents et toujours *les précédents;* c'est la loi et
les prophètes.

« En somme, dit l'auteur d'un pamphlet que nous
« avons déjà cité (*Le Deux décembre et la morale,*
« p. 31), c'est une belle machine, mais quelque peu
« dangereuse; celui qui s'en empare s'empare de
« tout. Il peut jouer de l'immense instrument, il n'a
« qu'à tourner la précieuse manivelle, et le merveil-
« leux travail s'accomplit : il fait de la politique
« comme un auvergnat fait de la musique; sa main
« donne le branle à l'activité d'une grande nation.
« Jugez si c'était la main d'un malfaiteur. » Et il
ajoute, avec une sévérité trop bien justifiée : « En
« 1851, c'était la main de monsieur Bonaparte. »

Il suffit, pour briser tout cela, de diminuer le nombre des places données par le gouvernement et d'augmenter le nombre et l'importance des positions électives: les maires élus par les conseils municipaux deviennent les défenseurs de leur commune, au lieu d'être, comme on l'a soutenu, des délégués du pouvoir central; les juges de paix élus *à vie*, dans leur canton, dans des conditions de capacité prévues par la loi, ne seraient plus des agents de haute police, mais des arbitres chargés d'exercer une juridiction toute paternelle (1).

Pourquoi les tribunaux de première instance et d'appel n'éliraient-ils pas leurs présidents, les facultés leurs doyens, le clergé ses évêques comme aux États-Unis?

D'un autre côté, la subordination doit être spécialisée. Un agent municipal ne doit dépendre que du maire et du conseil; un préfet ne peut le destituer pour cause politique ou électorale, par exemple; un agent départemental ne doit être révoqué que par le conseil général.

Les fonctions inutiles doivent être supprimées, et tout d'abord celles des sous-préfets.

Le nombre des affaires une fois réduit par la décentralisation, les conseillers généraux doivent être les seuls intermédiaires entre les préfets et les maires. Ils y gagneront en importance et en dignité, et le groupe de communes qui constitue le canton

_____

(1) Il est bien entendu qu'ils ne pourraient briguer ensuite aucun autre mandat électif.

deviendra le premier échelon de l'échelle administrative.

Enfin, les agents du pouvoir central conservés
devraient, autant que possible, être choisis dans
leur pays même, au sein de leurs intérêts, de leurs
relations, de leur propre influence, qui viendraient
relever, faciliter, adoucir leur autorité et fortifier
leur indépendance, au lieu d'en faire des vagabonds,
étrangers aux mœurs et aux habitudes des pays
qu'ils administrent. Les populations accepteraient
mieux leur direction, et le gouvernement trouverait
dans leur indépendance même une garantie de sincérité et un élément de force (1).

En second lieu, nous devons rayer de toute constitution de l'avenir la Chambre haute : il n'y a pas
de lords en France comme en Angleterre, et il faut
renoncer à en faire naître au milieu de notre société
démocratique et de nos fortunes de plus en plus
nivelées par le progrès économique. D'ailleurs, qu'é-
tait en 1789 la Cour des pairs ? pour ses membres,
un privilége héréditaire et honorifique, pas autre
chose ; dans l'organisation nationale ? une haute-

(1) Nos pères, qui avaient sous les yeux le *self-government* dans
les pays d'États administrés par leurs assemblées provinciales et la
centralisation dans des provinces voisines dirigées par des intendants,
savaient bien en faire la différence. On peut voir notamment dans
une publication toute récente : *Les États provinciaux de Saintonge*,
étude et documents inédits par Louis Audiat (Niort, Clouzot, 1870,
p. 133), la répulsion qu'inspiraient, dans une ville et dans une province qui savaient pourtant apprécier sa sage et féconde administration, M. de Réverseaux, intendant de la généralité de La Rochelle, et, par ricochet, ses subdélégués.

cour de justice qui n'avait plus rien à juger depuis l'abaissement de la féodalité ; dans la constitution politique du royaume? rien, absolument rien. La suppression des priviléges de la noblesse et l'abolition de toute juridiction exceptionnelle étant choses admises en principe, la pairie devait disparaître logiquement. Comment fut-elle si vite rétablie par l'Empire? Parce que le grand génie de Napoléon, beaucoup trop surfait, ne comprenait ni nos traditions ni notre avenir politico-économique ; parce que ce parvenu aimait à singer l'ancien régime et voulait s'entourer d'une cour nombreuse ; parce que c'était un prétexte pour donner de brillantes retraites à ses vieux capitaines.

Et si l'on nous demandait pourquoi elle fut conservée en 1814, nous répondrions : 1° parce qu'elle existait sous le nom de Sénat, et 2° parce que Louis XVIII, arrivant d'Angleterre, nous apportait une charte anglaise, sans s'occuper de savoir si elle convenait à nos mœurs, à nos traditions, à nos progrès accomplis, à nos aspirations pour l'avenir.

Quant à la constitution de 1852, il est permis de penser que si elle a établi un Sénat conservateur, qui n'a rien su conserver, c'était principalement pour assurer trente mille francs de plus aux affiliés de la bande qui, grâce au cumul, touchaient des cent, cent cinquante, deux cent et jusqu'à deux cent trente mille francs par an. (Vaillant touchait 229,500 fr. ; Palikao, 148,000 fr. ; Fleury, 119,000 fr. quand il était encore directeur des haras ; l'ambassade de Saint-Pétersbourg a dû améliorer sa position.)

Mais politiquement ce n'était qu'un hors-d'œuvre ; on l'a bien vu, lors de la préparation du plébiscite relatif aux dernières modifications faites à la constitution impériale, par les difficultés que l'on éprouva pour relier logiquement le Sénat à quelque chose dans un gouvernement représentatif. Divers avis s'étaient produits dans la presse et dans le public ; l'un voulait une Chambre haute entièrement nommée par les conseils généraux ; un autre n'en accordait qu'une moitié à l'élection et laissait le surplus à la désignation de la couronne, ouvrant ainsi la porte aux conflits les plus dangereux. L'auguste assemblée, elle-même, s'en émut. (*Journal officiel* des 19 et 20 avril 1870.)

Au lieu de cela, que l'on revienne à notre constitution française primitive, en nous rendant nos assemblées locales, envoyant aux États généraux des délégués munis de leurs instructions motivées ; c'est-à-dire la nation tout entière étudiant et discutant ses affaires. Chaque année, le résumé des cahiers serait l'expression la plus claire des vœux de la France et remplacerait avantageusement la longue discussion de l'adresse. Les lois portant autorisation d'emprunts ou établissements d'impôts nouveaux devront être examinées d'abord dans ces assemblées locales ; elles seraient consultées sur la ratification des traités d'alliance et *sur les déclarations de guerre.* Avec les télégraphes et les chemins de fer, elles peuvent être convoquées dans les vingt-quatre heures, et transmettre leurs instructions et leurs votes à leurs députés dans l'espace de trois ou quatre jours.

Enfin, si un conflit s'élève entre la Chambre et le ministère, si la question de cabinet se pose, les assemblées locales se réunissent et approuvent ou blâment le vote de leurs mandataires. Dans le premier cas le ministère se retire; dans le second les assemblées locales envoient à la Chambre des représentants pris dans le parti qui a décidé la majorité à voter pour le ministère.

En un mot, comme les députés aux États généraux de 1321, nos représentants ne doivent trancher aucune question grave sans avoir reçu, par les cahiers annuels ou par une convocation d'urgence, les instructions des assemblées locales. Rien n'est plus simple, rien n'est plus pratique, rien n'est plus juste évidemment que ce système. C'est tout simplement le principe séculaire introduit dans notre constitution nationale par les Francs et si bien observé par Tacite : *de minoribus rebus principes consultant, de majoribus omnes.*

On a songé à trouver l'élément de ces assemblées locales dans nos conseils généraux; d'autres voudraient rétablir nos anciennes provinces, ou tout au moins grouper des départements rapprochés par leur situation géographique et par des intérêts communs. L'un ou l'autre de ces systèmes peut répondre aux idées générales que nous venons d'exposer.

Il y a mieux, l'arrondissement lui-même pourrait devenir la base de cette organisation politique; l'assemblée serait composée de tous les conseillers municipaux de l'arrondissement; elle élirait son député et lui donnerait des instructions écrites sur les questions fondamentales destinées à être traitées par les États généraux.

Quoi qu'il en soit, que les élus du suffrage universel au conseil municipal soient ou ne soient pas en même temps les électeurs au second degré, il faut nécessairement, d'une part, que la commune soit largement émancipée, et que ceux qui se consacrent gratuitement à la gestion de ses affaires y fassent comme l'apprentissage de situations politiques plus importantes. Ainsi sera combattue avec fruit la plaie de l'absentéisme, ainsi sera relevée et honorée l'agriculture, ainsi chacun sera excité à se dévouer pour sa commune, son canton, son arrondissement. « *C'est par la petite patrie,* disait Portalis, *qu'on s'attache à la grande.* » Il faut, d'autre part, que le suffrage universel direct pour les élections municipales, parce que là tout le monde se connaît, soit organisé à deux degrés pour les élections politiques.

Le suffrage universel a été, dans les temps modernes, la conquête de la république de 1848, et le gouvernement provisoire eut tout d'abord à en organiser l'application. Malheureusement, l'idée préconçue d'en faire sortir l'acceptation de la forme républicaine, qu'on voulait alors imposer à la

France, se substitua à la pensée loyale d'y chercher la véritable manifestation de l'opinion générale. Au lieu du scrutin à deux degrés qui avait été pratiqué en France depuis Philippe le Bel jusqu'à Louis XVI, et que le bon sens indiquait, on adopta le scrutin direct, dans la crainte de voir les influences conservatrices élues aux premières et, par suite, aux secondes élections; au lieu du vote à la commune on imposa le vote au canton pour favoriser les ouvriers des villes, plus faciles à influencer, au détriment de ceux des campagnes, réputés mauvais républicains; M. Eug. Pelletan l'a reconnu depuis dans un article fort bien pensé et fort bien dit (note XVII); enfin, au député traditionnel par arrondissement on substitua un scrutin de liste, pour faire passer plus facilement des candidats inconnus à la masse des électeurs.

On escamota bien ainsi une Assemblée constituante, incontestablement plus républicaine que la nation qu'elle représentait, mais on laissa à l'Empire un système électoral qui lui permit de tailler partout des divisions arbitraires, d'organiser les candidatures officielles, de fausser audacieusement pendant vingt ans l'opinion publique et de conduire la France au point où elle est aujourd'hui.

Une liberté aussi féconde que celle du suffrage universel, organisée dès le principe avec plus de loyauté, aurait suffi pour rendre impossible un despotisme aussi long et aussi funeste à la patrie.

Si nous parvenons jamais à renouer ces traditions

de notre vieille constitution nationale, si puissante, si simple et si libérale, il n'est pas douteux que nous aurons bien vite reconquis toutes ces libertés néces- saires dont parlait un jour M. Thiers à la tribune, et qu'il faut, disait-il, réclamer sous la monarchie pour échapper au despotisme d'un homme, et sous la république pour échapper au despotisme non moins dangereux d'une faction.

Eh bien ! il n'y a que la monarchie légitime qui puisse ainsi remettre véritablement et loyalement le sort de la France entre les mains de la nation. La république ne le fera pas plus en 1870 qu'elle ne l'a fait en 1848, et cela par le même motif ; c'est que l'opinion publique ne lui est pas favorable, et que, dès qu'elle pourra se manifester librement, ce sera pour la repousser. Écoutez plutôt Proudhon lui- même : — « Vous connaissez peu la multitude ; « l'histoire ne vous a point initié à sa psychologie. « Rien n'est moins démocrate, au fond, que le « peuple. Ses idées le ramènent toujours à l'autorité « d'un seul, et si l'antiquité et le moyen âge nous « ont transmis le souvenir de quelques démocraties, « on trouve, en y regardant de près, que ces dé- « mocraties résultaient bien plus de la difficulté de « poser le prince que d'une intelligence véritable « de la liberté. » *(La Révolution sociale démontrée par le coup d'État du 2 décembre,* p. 70 et 71.)

Tout roi ou empereur qui ne sera pas légitime ne le fera pas non plus, parce qu'il sera parvenu au pouvoir en s'appuyant sur un parti, c'est-à-dire sur une fraction de la nation, et qu'il lui faudra comprimer tous les autres, parce que né par l'intrigue il vivra par l'intrigue, parce que prenant son point d'appui hors du droit, il le prendra dans la force, dont il sera fatalement conduit à abuser. (Note XVIII.)

Un roi légitime, au contraire, par ce seul fait qu'il représente un principe, respecté tous les principes ; il doit, pour que la nation respecte en lui le droit héréditaire, respecter en elle le droit représentatif ; tout cela se tient, tout cela est solidaire.

Mais cette solidarité ne se borne pas là, et la restauration du roi en politique donne la main à la restauration des lois de la justice en économie sociale. Il est un mot de M. Guizot dont nous n'avons pu vérifier l'authenticité, mais que nous adoptons volontiers, s'il le renie, tant il exprime bien notre pensée : « Il faut, dit-il, que l'hérédité et « la légitimité soient partout pour que la société soit « stable et le pouvoir régulier ; l'hérédité des trônes, « n'a d'autre but que de mettre le droit au sommet, « afin qu'il soit partout. »

Oh ! ce n'est pas que pour nous le comte de Chambord soit roi de France de droit divin. Ce mot, inventé par les démocrates comme un persiflage, peut cacher beaucoup d'esprit, mais il prouve une bien grande ignorance de notre vieille constitution française.

Nos pères ont toujours soutenu le droit électif de la nation *à l'origine des dynasties* et ils en ont usé à l'occasion. Dans un discours prononcé aux États de 1483, Philippe Pot, grand sénéchal, se fonda sur ce droit pour soutenir que si la nation reprend tous ses droits quand la famille royale est éteinte, elle les reprend en partie dans le cas où un roi mineur est appelé au trône, et que, par conséquent, les États généraux peuvent seuls disposer de la régence. (Note XIX.) Voilà les vrais principes; ils ont toujours été reconnus par nos rois eux-mêmes, spécialement par Louis XV devant le Parlement, au sujet du testament de Louis XIV. (Note XX.)

Mais cette élection primordiale une fois faite, nos pères ont sagement établi et respecté le droit de dévolution de la royauté par ordre de primogéniture, à l'exclusion des femmes, afin d'éviter ainsi les troubles et les guerres civiles, d'affirmer l'unité de la nation, de conserver les traditions de sa politique extérieure, toutes considérations de premier ordre au point de vue de la vie et de l'influence perpétuelle d'une grande nation dans le monde. Philippe Pot appelle cela *la loi fondamentale* de l'État (1). Ce n'est que cela, mais cela suffit pour que son rétablissement entraîne avec lui le rétablissement de toutes les autres lois de l'État, dont l'ensemble avait fait de la France une si belle, si noble et si glorieuse nation.

---

(1) L'orateur emploie à plusieurs reprises, dans son discours, l'expression de *République* pour parler de la France. Il avait raison, et c'est là la bonne si le mot de *Platon* est vrai : « La meilleure des démocraties est celle qui ressemble le plus à la monarchie. »

Or, ce rétablissement, c'est la révolution faite pacifiquement ; laissez couler librement l'eau suivant son cours naturel, il n'y aura plus ni cascade ni brisants. Proudhon lui-même le reconnaît indirectement dans l'ouvrage que nous venons de citer (p. 88), par cette apostrophe qu'il adresse à ses contradicteurs : « Ceux qui déclament contre les « idées révolutionnaires réfléchissent-ils que le « rôle des rois de France pendant la troisième race, « *c'est la révolution;* que les États généraux sous « saint Louis, Philippe le Bel, Charles V, Louis XI, « Louis XII, Charles IX, Henri III, Henri IV, « Louis XIII, c'est la révolution ; que le sage Turgot, « le philanthrope Necker, le vertueux Malesherbes, « c'est la révolution?... » Il a raison ; mais il y a révolution et révolution. Celle dont il parle et qui nous ramènerait à la paix, à l'union, *à l'harmonie sociale,* au règne du droit, au respect de Dieu, sa sanction suprême, nous l'appelons de tous nos vœux ; celle qu'il prêche et qui conduit à la haine de tous les hommes par les *contradictions économiques,* à l'*anarchie* en politique, à l'athéisme ou mieux à l'*antithéisme* en religion et à la morale indépendante, nous la répudions.

Quand on comprendra bien la différence qu'il y a entre les deux, quand la masse de la nation, quand la grande classe moyenne qui absorbe tous les jours la noblesse qui s'efface et le peuple qui s'élève, comprendra bien que la légitimité peut seule nous apporter la véritable liberté, et que la république

sera toujours mère de trouble et de désordre avec
le despotisme au bout; enfin, quand ceux que l'on
appelait autrefois « les bleus » se sentiront forcés de
choisir entre les blancs et les rouges, et ce moment
semble prochain, la France sera sauvée.

Pour nous, nous sommes persuadé qu'avec ce
programme, et il ne peut pas en avoir d'autre, le
comte de Chambord réunira bientôt l'adhésion,
non-seulement de tous les monarchistes conséquents
avec eux-mêmes, mais encore de tous les libéraux
sincères et de bonne foi également indignés des
corruptions de l'Empire et de la dictature que nous
imposent aujourd'hui les républicains doctrinaires.

Il est impossible que l'on ne comprenne pas enfin
que les hommes qui mettent, en théorie, la république au-dessus de la volonté nationale (1) ne sont
aptes qu'à organiser, en fait, le despotisme.

(1) Discours de M. Gambetta au Corps législatif dans la séance du
5 avril 1870.

V.

LA LÉGITIMITÉ, GARANTIE DE PAIX ET DE PUISSANCE
A L'EXTÉRIEUR.

> Rien de grand, dans le monde, ne s'est
> fait sans la France, et rien de grand ne
> se fera sans elle.
>
> (De Bonald, *Mélanges.*)

> La paix n'est autre chose que l'accord
> des hommes sur le terrain de la justice.
>
> (Th. Mannequin, *Le Problème
> démocratique ou la politique
> du sens commun.*)

On nous pardonnera de ne pas nous étendre beaucoup sur ce chapitre. La France a sur les bras de trop graves affaires pour songer beaucoup à celles des autres, et c'est surtout sur sa situation intérieure qu'elle doit se recueillir.

Toutefois, la restauration du droit et de la liberté en France aurait certainement la plus grande influence morale en faveur d'une restauration des principes de justice et de liberté en Europe, et il est permis d'en examiner les conséquences probables.

Les philosophes et les penseurs les plus sérieux

de tous les partis entrevoient dans l'avenir une unité, une fusion, tout au moins une fédération générale de l'Europe vers laquelle nous marchons à grands pas.

Dès le commencement du siècle, Joseph de Maistre disait dans les *Soirées de Saint-Pétersbourg* (p. 155, 1er vol.) :

« L'homme, dans son ignorance, se trompe sou-
« vent sur la fin et sur les moyens, sur ses forces et
« sur sa résistance, sur les instruments et sur les obs-
« tacles. Tantôt il veut couper un chêne avec un canif,
« tantôt il lance une bombe pour briser un roseau ;
« mais la Providence ne tâtonne jamais, et ce n'est
« pas en vain qu'elle agite le monde. *Tout annonce*
« *que nous marchons vers une grande unité que nous*
« *devons saluer de loin,* pour me servir d'une tour-
« nure religieuse. Nous sommes douloureusement
« et bien justement broyés ; mais si de misérables
« yeux tels que les miens sont dignes d'entrevoir
« les secrets divins, nous ne sommes broyés que
« pour être mêlés. »

Et de nos jours M. Michel Chevalier, quand il arrive à la conclusion de son admirable introduction des rapports du jury international, que nous avons déjà citée, s'exprime en ces termes :

« Ainsi, le cours naturel des idées et des faits nous
« ramène, comme une force invincible, à la pensée
« par laquelle débute cette introduction, l'harmonie
« des nations et l'établissement entre elles de bons
« rapports, reposant sur la solidarité des intérêts

« aussi bien que sur l'identité des idées et des sen-
« timents.

« Mais la pensée de l'harmonie n'est pas encore
« celle qui prévaut en Europe. Le moment actuel ré-
« vèle clairement l'antagonisme entre deux forces :
« l'une qui travaille au bon accord des peuples, au
« respect mutuel de leurs droits réciproques, par le
« triomphe des grands principes chers à la civili-
« sation, et qui cherche la satisfaction de chacun
« dans le bien de tous; l'autre qui provoque des
« collisions dans lesquelles les forts, ou ceux qui se
« croient tels, se flattent de trouver leur agrandisse-
« ment, en dehors des principes, par le droit du
« sabre et du canon....

« .... Il se peut bien que l'Exposition, admirable
« gage de paix, n'ait été que comme un météore,
« lumineux mais passager, sur un horizon destiné
« à s'obscurcir et à être déchiré par les orages.

« A la fin et à la longue, la cause du progrès
« triomphe, mais ce n'est qu'après des épreuves ;
« car le sort de l'homme et sa loi, c'est d'être
« éprouvé. Elle triomphe, mais le génie de la vio-
« lence ne s'en est pas moins donné carrière et ne
« s'en est pas moins repu de dévastation et de sang.
« Le démon de la destruction, toujours attaché aux
« flancs des sociétés humaines, comme s'il avait
« sur notre planète un imprescriptible droit de su-
« zeraineté, ne s'en est pas moins fait chèrement
« payer l'avancement dont les générations suivantes
« auront le bénéfice et savoureront les fruits.... »

Et il ajoute plus loin : « Dans trente années
« environ, les États-Unis auront, selon toute pro-
« babilité, cent millions de population en posses-
« sion des plus puissants moyens, répartis sur
« un territoire qui ferait quinze ou seize fois la
« France et de la plus admirable disposition. Ils
« se préparent dès à présent une alliance, rendue
« facile par le pressentiment commun de grandes
« destinées, avec un autre empire tout aussi vaste,
« quoique moins favorisé de la nature, qui se dresse
« à l'orient de l'Europe, et qui, lui aussi, aura, à la
« fin du siècle, une population de cent millions
« d'hommes animés d'une même pensée.

« La concorde est indispensable à l'Europe occi-
« dentale et centrale si elle ne veut pas être domi-
« née par ces deux colosses qui apparaissent, en
« dessinant chaque jour davantage leurs gigantes-
« ques proportions et leurs espérances, et en res-
« serrant chacun son unité, comme pour frapper
« plus sûrement un grand coup, destiné à retentir
« d'un pôle à l'autre....

« Les nations de l'Europe occidentale et centrale
« seront vraisemblablement réduites, quelque jour,
« à un rang subalterne et peut-être abreuvées d'hu-
« miliations, si les deux nouveaux venus les trouvent
« épuisées par les guerres qu'elles auraient soutenues
« les unes contre les autres. Comment résisteraient-
« elles si elles avaient consumé dans leurs querelles
« les ressources qui auraient dû être pour elles des
« éléments de progrès et de puissance ?

« Leur intérêt, leur besoin, leur devoir est de se
« rapprocher, de cimenter entre elles une forte
« alliance, et de se constituer en une confédéra-
« tion qui serait le salut commun, ainsi que le leur
« conseillait, il y a vingt-cinq ans, un des penseurs
« du siècle qui vient d'être ravi aux lettres et à la
« philosophie, Victor Cousin.

« Jamais on eut lieu davantage de répéter cette
« parole d'un grand homme, qui parlait admirable-
« ment de la paix, quoiqu'il aimât passionnément
« la guerre, Napoléon Ier : « Désormais toute guerre
« européenne est une guerre civile. » (P. DXI et
suivantes.)

Eh bien! cette grande unité européenne que de
Maistre et Napoléon entrevoyaient dans l'avenir, que
M. Cousin a conseillée, paraît-il, et dont M. Michel
Chevalier explique si clairement l'urgence, ne peut
se réaliser que de deux façons : au profit de la révolution et du matérialisme, par l'abandon de toute
loi morale et l'acceptation universelle du droit de la
force sous le sabre tout-puissant de la Prusse : c'est
le despotisme militaire ; — au profit de la tradition
chrétienne par la confédération des peuples, l'unité
religieuse et le respect de la morale privée et publique, sous l'influence de la France régénérée :
c'est la véritable liberté et le vrai progrès social.

Le résultat définitif de la guerre acharnée à
laquelle nous assistons doit être précisément de
décider quelle est celle qui triomphera dans l'avenir, et voilà pourquoi notre confiance dans le ré-

sultat final reste inébranlable au milieu des plus grands désastres de la patrie. Quand les choses seront désespérées au point de vue humain, Dieu les relèvera par un jeu de sa providence ; mais notre cause est celle de la civilisation chrétienne elle-même et, à ce titre, elle ne peut pas périr définitivement.

Joseph de Maistre dit de nous dans ses *Soirées de Saint-Pétersbourg,* 5° soirée, je crois : « L'étincelle « électrique parcourant, comme la foudre dont elle « dérive, une masse d'hommes en communication, « représente faiblement l'invasion instantanée, j'ai « presque dit fulminante, d'un goût, d'un système, « d'une passion parmi les Français qui ne peuvent « vivre isolés.... Le penchant, le besoin, la fureur « d'agir sur les autres est le trait le plus saillant « de votre caractère. On pourrait dire que ce trait « est vous-même ; chaque peuple a sa mission, telle « est la vôtre. La moindre opinion que vous lancez « sur l'Europe est un bélier poussé par trente mil-« lions d'hommes. Toujours affamés de succès et « d'influence, on dirait que vous ne vivez que pour « contenter ce besoin ; et comme une nation ne « peut avoir reçu une destination séparée du moyen « de l'accomplir, vous avez reçu ce moyen par votre « langue, par laquelle vous régnez bien plus que « par vos armes, quoiqu'elles aient ébranlé l'uni-« vers !... *Puisse cette force mystérieuse, mal appliquée* « *jusqu'ici et non moins puissante pour le bien que pour* « *le mal, devenir bientôt l'organe d'un prosélytisme*

« *salutaire, capable de consoler l'humanité de tous les*
« *maux que vous lui avez faits.* »

L'observation est vraie et le souhait qui la termine est plus près de se réaliser qu'on ne le pense.
Qu'un mouvement de restauration religieuse, sociale et politique se produise en France et l'Europe
est sauvée. Par la seule influence morale de ce
changement dans la direction de nos idées et de
notre politique, si versatile depuis quarante ans,
les vrais principes ébranlés partout au profit du
plus fort reprennent le dessus au nom du droit et
de la liberté humaine ; les nationalités foulées aux
pieds du despotisme retrouvent un point d'appui
légal ; la voix de la justice ose s'opposer dans le
monde à celle de la violence, dans les questions
intérieures et dans les conflits internationaux. Ainsi
serait bien vite remis sur la voie des vrais et sages
progrès sociaux le char de la civilisation européenne, si malencontreusement embourbé et enrayé
par les passions, les haines et les violences de la
démagogie.

Car enfin, le bon sens public ne peut pas tarder
à le reconnaître, la révolution est une harpie qui
souille et gâte toutes les causes qu'elle touche et,
par suite, celle de l'humanité et du vrai progrès qui
les résume toutes. N'a-t-elle pas perdu la sainte Pologne en arrêtant ceux qui peut-être eussent favorisé un mouvement purement catholique et patrio-
tique, et en donnant les plus fâcheux prétextes à la
répression si sanguinaire et si cruelle du despote

moscovite? N'a-t-elle pas compromis pendant un temps l'avenir de la malheureuse Irlande, en substituant les émeutes et les crimes des féniaus à l'agitation légale, pacifique et féconde d'O'Connell? N'a-t-elle pas dévoyé les aspirations libérales de l'Allemagne elle-même pour la jeter, ruinée et réduite à un dur esclavage, dans les bras du despotisme militaire de la Prusse? Enfin, n'a-t-elle pas perdu la pauvre Italie, qui regrettera probablement un jour le programme fédératif du traité de Zurich, et qui est bien éloignée aujourd'hui de la liberté que voulut un jour lui donner Pie IX? (Note XXI.)

On sait comment la haine révolutionnaire, l'émeute et le meurtre de Rossi rendirent impossible une transformation pacifique tellement libérale que Garibaldi, alors en Amérique, offrait son épée au Pape. (Voir note XXII.)

Sans compter les expériences accumulées depuis plus d'un siècle, n'y a-t-il pas là assez d'exemples récents pour éclairer l'opinion publique, et les peuples ne chercheront-ils donc jamais dans le respect des vrais principes la seule garantie qu'ils puissent trouver, à l'intérieur contre le despotisme et l'anarchie, et à l'extérieur contre les convoitises et les ambitions de leurs voisins?

On a dit que la guerre terrible de la France et de l'Allemagne était une guerre de la race germaine contre la race latine. Ce n'est pas là une appréciation exacte; la question de race importe peu à l'affaire. Les premiers Francs étaient des Germains, les

Visigoths, qui ont peuplé le sud de la France, ve-
naient d'au delà du Rhin, et les Normands sont
sortis des bouches du Wéser; le sang germain coule
donc aussi dans nos veines. En réalité, cette guerre
n'est qu'une lutte suprême entre la civilisation
chrétienne et la barbarie; le *pangermanisme* de la
Prusse n'est que l'avant-garde du *panslavisme* moscovite, et le panslavisme moscovite, c'est une nouvelle invasion des barbares prêts à se ruer sur l'Europe occidentale. Si devant un pareil danger les
puissances menacées restent isolées, sinon divisées,
si l'égoïsme seul dirige leur conduite, si pas une ne
prend d'une main ferme la cause de la justice, de
l'équité et de la morale internationale, nous sommes
perdus sans retour, et sous peu le sort de l'infor-
tunée Pologne sera celui de l'Europe entière.

Espérons mieux, et, reprenant la pensée de J. de
Maistre, soyons bien persuadés qu'une lutte aussi
formidable que celle à laquelle nous assistons doit
avoir de grands résultats dans les vues de Dieu;
notre conviction intime est qu'elle ne se terminera
pas sans avoir humilié la maison de Prusse et avec
elle les souverains ses complices en despotisme, et
sans avoir rendu à l'Allemagne la liberté, grâce à
laquelle elle reviendra plus tard au catholicisme.
Quoi qu'il en soit et de quelque manière que se fasse
la paix, si elle est sincère et durable, les peuples de
l'Europe se rapprocheront et s'uniront de plus en
plus dans des sentiments de fraternité et de solidarité sociale qui les conduiront insensiblement jus-

qu'à la forme fédérative. Le progrès sera assuré s'ils comprennent alors que le catholicisme, qui a le premier revendiqué des principes de liberté et de responsabilité morale, véritable base de la civilisation moderne, possède encore les promesses de l'avenir, et que la meilleure garantie de la juste liberté des peuples et de la force nécessaire des gouvernements ne se rencontre que dans le respect par les uns et les autres de la loi morale enseignée au monde par le Christ.

Habitués depuis des siècles à marcher à la tête du progrès en toutes choses, nous devons être les premiers à le comprendre et à le faire comprendre à l'Europe ; ce rôle a été de tous les temps celui de la France dans le passé, il doit le redevenir dans l'avenir ; si la papauté, restaurée dans son indépendance, doit être le cœur de cette confédération, la France doit en être le bras, et c'est pour cela qu'il est indispensable qu'elle renoue d'abord ses traditions, comme nous l'avons établi déjà.

Qu'on ne l'oublie pas, le Saint-Siége apostolique peut seul sauver l'Europe de l'anarchie universelle sous forme de république, ou de la servitude universelle sous l'empire de la Prusse et de la Russie. (Note XXIII.) C'est à la France à la seconder dans cette grande mission. Pour son propre salut politique et social, il faut qu'elle redevienne chrétienne et qu'elle soit toujours et partout la fille aînée de l'Église ; c'est ainsi, et seulement ainsi, qu'elle retrouvera et conservera dans l'avenir son influence

séculaire dans le monde par une force morale bien-
faisante et civilatrice devant laquelle s'inclinera un
jour, il faut l'espérer, la force brutale et barbare
qui se mesure par le nombre des canons et des mi-
trailleuses.

C'est aussi l'espérance qu'exprime, en la justifiant
d'une manière fort remarquable, Mgr Thomas, évêque de La Rochelle, dans une lettre pastorale sur
la guerre, qui nous parvient au moment où nous
corrigeons ces épreuves (1). Nous ne saurions trop
signaler cet écrit à l'attention de nos lecteurs; ils y
verront à quelle hauteur de vue peut s'élever le
penseur quand son ardent patriotisme est doublé
d'un sentiment religieux aussi profond qu'éclairé.

---

(1) A La Rochelle, chez Deslandes, libraire, 1870.

VI.

DU COMTE DE CHAMBORD ET DES GARANTIES PERSONNELLES QU'IL OFFRE A LA CONFIANCE D'UNE GRANDE NATION.

> La monarchie représentative, son esprit, ses principes, ses habitudes, convenaient admirablement à cette nature réservée, conciliante, tolérante, sans préjugés et sans rancunes, qu'aucune passion n'agite, qu'aucune ambition n'entraîne. Ses défauts même eussent été des qualités.
>
> (Vte DE LA GUÉRONNIÈRE.)

Quelle que soit l'importance des principes en eux-mêmes, l'esprit français est trop pratique, et, du reste, les circonstances sont trop graves pour que l'on ne se préoccupe pas, dans une juste mesure, de la valeur personnelle du prince qui les représente.

Voyons d'abord ce qu'exige la situation où nous sommes.

Il y a deux ans, au début de la révolution espagnole, le journal le *Pensamiento* faisait ainsi le portrait de l'*homme dont nous avons besoin;* appliquons le titre et les principaux passages de son article à la France, la situation, hélas! est aujourd'hui

la même dans les deux pays, c'est la révolution et les
malentendus entretenus par elle qui l'ont faite :

« N'aurons-nous pas, dit-il, un homme qui nous
« tire de l'anarchie où nous vivons? telle est l'ex-
« clamation qui s'échappe de toutes les bouches,
« que l'on entend de tous les côtés : « N'aurons-nous
« pas un homme?... »

« Qu'on le remarque bien, c'est une phrase faite
« et personne n'en change les termes, n'en altère la
« construction grammaticale; et quand une phrase
« sort de toutes les lèvres sous une forme identique,
« c'est une preuve infaillible qu'une idée prédo-
« mine dans toutes les intelligences, un sentiment
« dans tous les cœurs.

« On dit *un homme,* et non *une femme.* Il serait
« ridicule, en effet, de dire : N'aurons-nous pas *une*
« *femme?* et non moins ridicule de dire : N'aurons-
« nous pas des *Cortès,* un *Congrès* qui, etc.?

« C'est que, lorsque la nécessité presse, lorsqu'un
« peuple a besoin d'un gouvernement, nous sommes
« tous monarchistes, tous, sans excepter les répu-
« blicains eux-mêmes, qui se servent de la phrase
« faite par le peuple et pour le peuple, construite
« par toutes les intelligences et répétée par toutes
« les lèvres : N'aurons-nous pas un homme?...

« Nous voulons un homme pour toute la nation,
« non pour un, ni deux ou trois partis; un homme
« qui commande avec justice, qui gouverne avec la
« morale de l'Évangile, qui administre avec l'ordre
« et l'économie d'un bon père de famille.

« Il faut un homme qui soit fils des entrailles de
« la patrie, qui ait les sentiments nobles et géné-
« reux du peuple espagnol, sa foi ardente, sa valeur
« chevaleresque, sa constance traditionnelle.

« Il faut un homme qui dise au père de famille :
« Tu es le roi de ta maison ; au municipe : Tu es le
« roi de ta juridiction ; à la députation : Tu es la
« reine de la province, et aux Cortès : Je suis le Roi.
« Que toutes les classes dont se compose mon peuple
« viennent à moi : viennent le clergé, la noblesse,
« la milice, le commerce et l'industrie, et la classe
« la plus nombreuse et la plus nécessiteuse de toutes,
« la classe pauvre, ou pour mieux dire la classe
« des pauvres ; qu'elles viennent exposer leurs be-
« soins, leurs plaintes ; mais tenez pour bien entendu
« qu'ici ne commandent ni les prêtres, ni les nobles,
« ni les militaires, ni les avocats, ni les banquiers,
« ni les commerçants, ni les industriels, ni les ou-
« vriers : je suis le Roi.   *

. . . .

« Je donnerai liberté et protection au commerce,
« à l'industrie, à la propriété ; au pauvre je don-
« nerai le pain de l'ordre, des économies et du tra-
« vail, qui est sa vraie liberté.

. . . .

. . . .

« Je réduirai les emplois au tiers : je maintiendrai
« dans leur charge, sans distinction de couleur
« politique, tous ceux qui la remplissent avec in-
« telligence et probité, qu'ils aient été progres-

8

« sistes, modérés ou républicains. Je réduirai de
« même le budget et vous donnerai l'exemple de la
« modération, pour que vous jouissiez du fruit des
« économies. Je paierai les dettes contractées par
« le libéralisme et m'efforcerai de n'en pas faire.

« Je pardonnerai tout, j'oublierai tout; je veux
« être père avant d'être roi; mes bras s'ouvriront
« plutôt pour embrasser que pour commander.

« Voilà le gouverneur chrétien, voilà le prince
« catholique, voilà l'homme dont on a besoin,
« l'homme que demandent du fond du cœur tous
« ceux qui, dans les angoisses d'une situation dont
« nous voudrions oublier l'origine, s'écrient : N'au-
« rons-nous pas un homme qui nous tire de cette
« anarchie ?...

« Homme désiré, assurément! homme vraiment
« populaire! homme exigé par le suffrage universel
« des larmes et des soupirs universels! homme libé-
« rateur, pacificateur, et par conséquent ennemi de
« ce constitutionalisme qui est la guerre inévitable,
« essentielle, organique entre ceux qui commandent
« et ceux qui doivent obéir; guerre entre le roi et
« le sujet, guerre entre la nation et les partis, guerre
« des partis entre eux, guerre sans repos ni trêve,
« et dont les frais forment cet abîme sans fond
« qu'on appelle la dette perpétuelle!

« Le roi qui sait être roi, qui gouverne avec droit,
« avec justice, avec moralité, avec équité, et sans
« écraser les peuples sous le poids de tant et tant
« d'impôts, ce roi a déjà en sa faveur la popularité

« la plus auguste, suffrage irrésistible, et par con-
« séquent seul suffrage souverain.

« Tel est l'homme dont on a besoin. »

Si tel est bien l'homme qu'il nous faut, le comte
de Chambord, seul, remplit ce programme à raison
même de son droit, parce que chef de l'État par un
principe supérieur et placé hors de conteste, il per-
sonnifie les traditions séculaires de la France, hérite
d'une nécessité, représente une situation et peut
seul se placer au-dessus des luttes et des passions
des partis politiques.

Comme homme, il n'est pas au-dessous de cette
grande mission. Celui qui écrit ces lignes n'a jamais
eu l'honneur de le voir; c'est du moins une preuve
d'impartialité; mais d'autres l'ont vu, l'ont étudié
avec soin et, appartenant à des partis politiques op-
posés, ont cependant rendu justice à son intelligence, à son caractère, à la loyauté de son amour
pour la France et à l'élévation de ses principes.

En 1849, un républicain fort connu, qui avait
visité par pure curiosité la petite colonie française
de Frohsdorf, publiait les détails de sa visite à
M. le duc de Bordeaux (Charles Didier, 1849) et por-
tait sur le prince le jugement suivant :

« Monsieur le duc de Bordeaux a l'esprit ouvert
« aux questions du jour, les étudie toutes et n'est
« point étranger aux théories industrielles.... Deux
« questions le préoccupaient entre toutes les autres :
« l'organisation administrative de la France par la
« commune et le problème social des travailleurs....

« Tout ce qu'on est en droit d'exiger d'un homme,
« c'est le désir sincère d'apprendre et la bonne vo-
« lonté; or, on ne saurait sans injustice refuser au
« prince ces deux vertus. Ajoutez à cela du bon
« sens, de la candeur, une grande bonté et une
« générosité naturelle incontestable, je dis plus,
« incontestée. C'est un honnête homme dans toute
« la force du mot....

« .... Il suffit de le voir pour demeurer convaincu
« de sa véracité....

« .... Il eût fait, j'en suis convaincu, un excellent
« monarque constitutionnel. La nature de son es-
« prit, son caractère même étaient appropriés à
« cette forme de gouvernement, et son éducation a
« été dirigée dans ce sens. L'esprit de parti le re-
« présente comme un absolutiste, et c'est comme
« tel qu'il apparaît à la foule du fond de son exil ;
« la vérité est qu'il n'y a peut-être pas dans toute
« l'Europe un constitutionnel plus sincère que lui.
« Bien plus, sauf quelques idées modernes qui ont
« déteint sur lui dans ces derniers temps et qu'il
« travaille à s'assimiler, c'est presque un libéral de
« la Restauration. Je me hâte d'ajouter que c'est un
« libéral religieux, sans pourtant que sa dévotion
« dégénère, comme on me l'avait dit, en bigotisme.

« Il n'est pas douteux que son aïeul, Charles X,
« et que Louis XVIII lui-même ne fussent énor-
« mément scandalisés de ses doctrines, et qu'il ne
« fût à leurs yeux un hérétique politique, un
« Lafayette royal.

« Comment en serait-il autrement? Les idées des
« enfants ne sont pas celles des parents. Quoi qu'on
« fasse, l'atmosphère des esprits change et le milieu
« intellectuel se modifie, non pas seulement de siècle
« en siècle, mais à chaque génération. Le fils, en
« naissant, respire un air différent de celui que son
« père a respiré, le progrès s'infiltre dans ses veines
« sans même qu'on en ait conscience et en dépit
« de toutes les résistances. Il n'y a aucun mérite à
« cela pour personne, c'est la force des choses, une
« loi de la Providence qui veut que l'humanité
« marche malgré les hommes.

« Voilà pourquoi M. le duc de Bordeaux n'a pas
« les principes de Charles X. Je vais plus loin : il
« voudrait les avoir qu'il ne le pourrait pas. L'aïeul,
« pour ne citer qu'un exemple, tenait aux formes,
« à l'étiquette, ce culte de la personne royale qui a
« joué toujours dans la maison de Bourbon un rôle
« considérable; le petit-fils, lui, n'y tient guère, fait
« bon marché de ces pompeuses inanités, et va si
« loin à cet égard, que si jamais il remontait sur un
« trône, il n'aurait pas même de cour ; son parti est
« pris là-dessus. » (*Une visite à M. le duc de Bordeaux.*
Charles Didier, 1849.)

De son côté, M. le vicomte de la Guéronnière,
depuis ambassadeur, et dont les opinions impéria-
listes ont été assez affichées, écrivait en 1856, dans
le journal la *Patrie :*

« M. le comte de Chambord n'a *aucun* préjugé.
« L'éducation de l'exil, ses recueillements, ses mé-

« ditations, ses enseignements ont triomphé de tout
« ce que les traditions de famille ou de caste avaient
« pu lui suggérer de faux et de contraire à l'esprit
« du temps. Sa loyauté, sa franchise, sa fermeté
« de conscience, sa pureté de cœur l'ont guidé et
« lui ont fait toucher à beaucoup de réalités qui ne
« sont pas toujours à la portée des princes. Intelli-
« gence curieuse et chercheuse, il a voulu voir
« même ce qu'on aurait voulu lui cacher.... La
« monarchie représentative, son esprit, ses prin-
« cipes, ses habitudes convenaient admirablement
« à cette nature réservée, conciliante, tolérante,
« sans préjugés et sans rancune, qu'aucune pas-
« sion n'agite, qu'aucune ambition n'entraîne. Ses
« défauts même eussent été des qualités. »

A une époque plus récente, M. Albert Wolff, jour-
naliste bien connu et tout à fait étranger à ce que
l'on appelle le parti légitimiste, faisant en Allemagne
un voyage de touriste, a fait, lui aussi, il y a un an,
l'excursion de Frohsdorf.

La lettre par laquelle il a rendu compte de sa
visite au prince dans le *Figaro* du 10 octobre 1869,
et qui fit quelque bruit alors, respire une sincérité
et une loyauté incontestables. Au milieu de détails
pleins d'intérêt sur l'existence de l'auguste exilé,
nous remarquons les appréciations suivantes :

« .... En effet, vers six heures, M. de Blacas prend
« la peine de monter dans nos appartements et nous
« invite à le suivre. On entre dans un petit salon
« du rez-de-chaussée, orné d'emblèmes et de tro-

« phées de chasse ; on traverse deux autres salons
« dont les murs sont couverts de très beaux tableaux
« italiens ; on arrive, non sans une certaine timidité,
« dans un troisième salon. M. de Blacas se retire ;
« on est devant M. le comte de Chambord, qui vous
« tend la main et vous reçoit avec une si franche
« cordialité que, dès le premier moment, on se sent
« à l'aise comme dans une maison que l'on aurait
« quittée hier et où l'on reviendrait demain.

« Cet accueil d'une si exquise bienveillance n'est
« pas la plus grande surprise ; elle vient de l'énorme
« différence qu'il y a entre la personne de M. le
« comte de Chambord et ses photographies. On se
« figure le châtelain de Chambord d'une taille très
« élevée, il est d'une taille moyenne ; on pensait
« voir un prince de l'ancien régime, tel que le dé-
« peignent les légendes du boulevard, et l'on est en
« présence d'un contemporain ; on croyait retrou-
« ver en M. le comte de Chambord la mélancolie
« de Louis XIII, la majesté de Louis XIV et la grâce
« de Louis XV, tel que nous le représentent les
« peintres du dix-huitième siècle ; mais en même
« temps que la barbe châtaine coupée en pointe et
« la conformation des yeux rappellent vaguement
« les traits d'Henri IV, la vivacité, l'entrain et l'af-
« fectueuse simplicité en rappellent encore mieux
« le caractère.

« Rien, dans les allures de M. le comte de Cham-
« bord, ne répond aux portraits fantaisistes que
« l'on a faits de *chic* plutôt que d'après nature ; nous

« savions déjà que toute flatterie, toute allusion à
« des espérances intimes sont aussi désagréables à
« M. le comte de Chambord que les titres, que les
« visiteurs trop zélés lui décernent parfois, malgré
« l'exemple de réserve qui leur vient des amis de la
« maison. Tout ce qu'on raconte sur les usages de
« Frohsdorf et le cérémonial que l'étiquette impose
« au visiteur est absolument dénué de fondement ;
« on n'exige des hommes à qui ont fait l'honneur
« de les recevoir au château que tout juste la défé-
« rence à laquelle M. le comte de Chambord a droit
« dans la situation que lui a faite l'histoire. Il serait
« téméraire de vouloir deviner ce qui se passe au
« fond du cœur de celui qu'on appelle « Monsei-
« gneur » et pas autrement ; mais rien, dans les
« habitudes de Frohsdorf, ne peut laisser supposer
« que le maître de la maison se croie ailleurs que
« dans un château aux environs de Vienne....

« ..... De quoi cause-t-on ? de haute politique ?
« d'événements que l'on déplore ? d'espérances pour
« l'avenir ? Non, mon cher lecteur ; à Frohsdorf,
« comme partout ailleurs, on parle beaucoup de
« Paris et de la province, un peu de l'opéra et de
« la chasse, par-ci par-là des journaux — c'est une
« attention de M. le comte de Chambord pour les
« journalistes présents ; — la conversation fait les
« soubresauts ordinaires de l'opéra de Vienne au
« boulevard ; et le visiteur, qui a pensé un instant
« qu'on pourrait lui parler de 1820, est agréable-
« ment surpris en entendant M. le comte de Cham-

« bord parler comme s'il avait quitté les Champs-
« Élysées avant-hier. C'est un vrai Parisien, aussi
« bien au courant des choses de la vie parisienne
« que vous et moi ; les revues, les journaux et les
« visiteurs qui affluent au château apportent la
« chronique imprimée et la chronique parlée.

« M. le comte de Chambord sait tout ce qui se
« passe à Paris, les grands événements tout aussi
« bien que les petits ; il sait aussi la province sur le
« bout du doigt, et dans ses causeries sur le midi
« de la France, où est né mon camarade de voyage
« Béchard, le châtelain de Frohsdorf a montré une
« connaissance étonnante de l'état des esprits et
« des intérêts matériels de ce pays.

« On aurait tort de croire que la politique est
« bannie de la conversation au château ; aucun
« mot d'ordre n'a été donné à ce sujet ; la politique
« est si peu proscrite qu'à chaque instant une
« phrase lancée au hasard, un mot jeté dans la
« conversation ramène le causeur sur ce terrain
« brûlant....

« .... M. le comte de Chambord aborde la poli-
« tique comme les autres sujets, avec autant de
« dignité que de franchise, et il ne s'exagère ni le
« passé, ni le présent, ni l'avenir. Contrairement à
« ce que l'on prétend de sa race, on peut dire de
« M. le comte de Chambord qu'il n'a peut-être rien
« oublié, mais qu'il a certainement beaucoup ap-
« pris. » (*Figaro*, octobre 1869.)

Mais le prince n'a rien au fond du cœur qu'il

doive cacher à ses amis ou à ses ennemis, il se peint
tout entier dans ses lettres les plus intimes, comme
dans les manifestes destinés au public qu'il a cru,
en de rares circonstances, devoir adresser à tous les
Français. Quelques-unes de ces pièces, reproduites
ici, finiront de le peindre.

Après son voyage à Londres, où il a reçu la visite
de nombreux Français *flétris* par le gouvernement de
Louis-Philippe, il écrit à un magistrat de Lille :

« 5 février 1844.

« *A M. de Fontaine, juge près le tribunal civil de Lille.*

« .... Heureusement les mille témoins qui m'ont
« vu à Londres peuvent attester qu'il n'y a été
« question que du bonheur de notre commune pa-
« trie. C'est là l'objet constant de mes vœux, et je
« ne vois *dans les droits que, d'après les antiques lois*
« *de la monarchie, je tiens de ma naissance, que des*
« *devoirs à remplir.* La France me trouvera toujours
« prête à me sacrifier pour elle....

« HENRI. »

Puis au comte de Villèle, le 19 du même mois :
« Dieu en me faisant naître m'a imposé de grands
« devoirs envers la France : je ne les oublierai ja-
« mais. Quand il m'appellera à les remplir, je serai
« prêt sans orgueil et sans faiblesse. »

Le 19 mars, à M. Berryer et aux autres députés
flétris :

« Le sentiment de générosité qui a porté les

« hommes honorables qui ne partagent pas encore
« toutes nos convictions à se rapprocher de nous
« dans cette circonstance, doit nous donner l'es-
« poir qu'un jour viendra, *jour heureux de concilia-*
« *tion, où tous les hommes sincères de tous les partis,*
« *de toutes les opinions, abjurant leurs trop longues*
« *divisions, se réuniront de bonne foi sur le terrain des*
« *principes monarchiques et des libertés nationales* pour
« servir et défendre notre commune patrie. »

Enfin, le 26 août de la même année, il termine
une lettre au général Donadieu par cette déclaration :

« Je l'ai dit et je le répète, si jamais la Providence
« m'ouvre les portes de la France, *je ne veux pas*
« *être le roi d'une classe ou d'un parti, mais le roi de*
« *tous.* Le mérite et les services seront les seules
« distinctions à mes yeux. »

Ah ! qu'il fait bon, au milieu des temps orageux
que nous traversons, de voir un prétendant ne parler que de ses devoirs, et un proscrit innocent de
nos luttes intestines faire partout appel à la paix,
à l'oubli du passé et à l'union de tous les Français.

Au mois de janvier 1848, il s'intéresse aux réformes libérales que l'infortuné Pie IX tente de réaliser à Rome, et il approuve chez nous le mouvement
de réforme électorale d'où devait sortir un mois
plus tard la révolution de février.

Il écrit au vicomte de Saint-Priest, le 22 janvier 1848 :

« .... Je fais des vœux sincères pour que le Pape

« puisse accomplir avec succès la grande et difficile
« tâche qu'il a entreprise, et pour que ses généreux
« desseins en faveur de ses sujets ne soient point pa-
« ralysés et compromis par l'esprit révolutionnaire
« qui, depuis soixante ans, a déjà été tant de fois
« et en tant de lieux le seul obstacle à l'établisse-
« ment d'une sage et véritable liberté. Ces senti-
« ments, je serai toujours heureux de les professer
« toutes les fois que j'en trouverai l'occasion.

« Je passe maintenant à ce qui regarde la ques-
« tion de l'intérieur de la France.... Rappelez-leur (à
« ses amis) que dans toutes les occasions, et notam-
« ment à Londres, j'ai hautement manifesté ma
« conviction, que le bonheur de la France ne pou-
« vait être assuré que *par l'alliance sincère des prin-*
« *cipes monarchiques avec les libertés publiques.* Tout
« ce qui tendra à ce but aura toujours mon ap-
« probation. Ainsi, je vois avec un vif intérêt les
« efforts qui sont faits pour obtenir, dès à pré-
« sent, la réforme de ces lois INJUSTES qui privent le
« plus grand nombre des contribuables de la par-
« ticipation légitime qui leur appartient dans le
« vote de l'impôt, et qui, *tenant sous le joug, par*
« *l'*EXAGÉRATION DE LA CENTRALISATION ADMINISTRA-
« TIVE, *les communes, les villes, les provinces, les asso-*
« *ciations diverses, les dépouillent des droits et des libertés*
« *qui leur sont le plus nécessaires.*

« Je m'associe également à la lutte persévérante,
« courageuse, des catholiques de tous les partis en
« faveur de la liberté de l'enseignement, qui ne de-

« vrait avoir d'autres limites que l'autorité tuté-
« laire dont un sage gouvernement ne saurait se
« départir dans l'intérêt de la société.

« Obligé de vivre loin de la patrie, je ne puis,
« hélas! jusqu'ici que me borner à faire des vœux
« pour elle, étudiant avec soin toutes les questions
« qui intéressent son avenir, et me tenant cons-
« tamment au courant de la situation des choses
« et des esprits par la lecture assidue des jour-
« naux des diverses opinions, et par les correspon-
« dances que je multiplie le plus que je puis avec
« des hommes qui appartiennent aux différentes
« nuances de l'opinion royaliste. C'est ainsi qu'en
« recherchant tout ce qui me paraît de nature à
« m'éclairer sur ce qui fait l'objet habituel de mes
« méditations, j'espère me trouver prêt lorsque
« le cours des événements amènera des circons-
« tances qui me permettront de travailler plus ac-
« tivement, plus personnellement au bonheur de la
« France. »

Il écrit au mois de juin 1848 :

« 1er juin 1848.

« Je viens, monsieur, de lire la prétendue lettre
« adressée par moi au président de l'Assemblée
« nationale, imprimée et publiée à Paris le 18 mai
« dernier.

« Je sais aussi qu'il a été répandu plusieurs autres
« lettres qui tendraient à faire croire que j'ai re-
« noncé au doux espoir de revoir ma chère patrie.

« Aucune de ces lettres n'est de moi. Ce qu'il y a
« de vrai, c'est mon amour pour la France, c'est le
« sentiment profond que j'ai de ses droits, de ses
« intérêts, de ses besoins, dans les temps actuels;
« c'est la disposition où je suis de me dévouer tout
« entier, de me sacrifier à elle, si la Providence me
« juge digne de cette noble et sainte mission.

« Français avant tout, je n'ai jamais souffert que
« mon nom soit prononcé lorsqu'il ne pourrait être
« qu'une cause de division et de trouble. Mais si
« les espérances du pays sont encore une fois trom-
« pées, si la France, *lasse enfin de toutes ses expé-*
« *riences qui n'aboutissent qu'à la tenir perpétuelle-*
« *ment suspendue sur un abîme,* tourne vers moi ses
« regards et prononce elle-même mon nom comme
« un gage de sécurité et de salut, comme la garan-
« tie véritable des droits et de la liberté de tous,
« qu'elle se souvienne alors que mon bras , que
« mon cœur, que ma vie, que tout est à elle, et
« qu'elle peut toujours compter sur moi !... »

Après les émeutes de juin, c'est pour la vraie
liberté qu'il redoute l'effet des réactions, et voici ce
qu'il écrit à M. Berryer le 5 juillet 1848 :

« Puissent le spectacle de ces calamités et la
« crainte des maux qui menacent l'avenir ne point
« emporter les esprits loin *des grands principes de*
« *justice et de* LIBERTÉ PUBLIQUE, qu'en ce temps, plus
« que jamais, les amis des peuples et des rois doi-
« vent défendre et maintenir ! »

Il encourage en tout temps les efforts de ses

amis pour ramener l'union, la paix, le rapprochement des classes sociales ; et, le 16 novembre 1849,
il écrit à M. Benoist d'Azy, député du Gard, la
lettre suivante :

« J'ai reçu, monsieur, votre lettre et le remar-
« quable rapport dont elle était accompagnée.
« C'est, comme vous le dites si bien, en revenant
« aux vrais principes de la charité chrétienne, c'est
« en ranimant au sein des classes pauvres cet es-
« prit de famille, qui tend à s'éteindre, que l'on
« peut arriver enfin à la solution du grand pro-
« blème qui préoccupe aujourd'hui, avec tant de
« raison, tous les bons esprits et tous les cœurs
« généreux. Pour moi, toujours attentif à tout ce
« qui peut assurer l'avenir du pays, je suis charmé
« de voir mes amis prendre en main la cause des
« malheureux et chercher tous les moyens d'amé-
« liorer leur sort, sans les flatter cependant d'espé-
« rances trompeuses. Je saisis avec empressement
« cette occasion de vous exprimer ma gratitude de
« tout ce que vous faites pour être utile à notre
« chère patrie. Servir la France est la meilleure
« preuve d'attachement que vous puissiez me don-
« ner....

                                        « HENRI. »

Jamais il n'a cherché à remonter sur le trône par
des échauffourées de Boulogne ou de Strasbourg,
et ce n'est pas lui qui serait venu sournoisement se
faire nommer député à une assemblée républicaine

avec l'intention secrète de rétablir une monarchie par l'intrigue et la fourberie. Il n'a jamais eu d'autre pensée que de maintenir intact le principe qu'il représente, persuadé qu'un jour il doit sauver la France (et ce jour, n'y touchons-nous pas?); mais jamais une pensée d'ambition personnelle ne perce dans ses paroles; jamais il ne songe à des moyens violents; tout est franc, loyal, sincère; tout exprime bien l'esprit libéral et le sentiment élevé de justice qui forme le signe de notre temps.

Voici comment il proteste contre le coup d'État du 2 décembre 1852 :

MANIFESTE.

(Reproduit dans le *Moniteur* du 15 novembre.)

« Frohsdorf, 25 octobre 1852.

« FRANÇAIS !

« En présence des épreuves de ma patrie, je me
« suis volontairement condamné à l'inaction et au
« silence. Je ne me pardonnerais pas d'avoir pu un
« seul moment aggraver ses embarras et ses périls.
« Séparé de la France, elle m'est chère et sacrée
« autant et plus encore que si je ne l'avais jamais
« quittée. J'ignore s'il me sera donné de servir un
« jour mon pays; mais je suis bien sûr qu'il n'aura
« pas à me reprocher une parole, une démarche
« qui puisse porter la moindre atteinte à sa pros-
« périté et à son repos. C'est son honneur comme le
« mien, c'est le soin de son avenir, c'est mon de-

« voir envers lui, qui me décident à élever aujour-
« d'hui la voix !

« Français, vous voulez la monarchie, vous avez
« reconnu qu'elle seule peut vous rendre avec un
« gouvernement régulier et stable cette sécurité de
« tous les droits, cette garantie de tous les intérêts,
« cet accord permanent d'une autorité forte et
« d'une sage liberté qui fondent et assurent le
« bonheur des nations. *Ne vous livrez pas à des illu-*
« *sions qui tôt ou tard vous seraient funestes. Le nouvel*
« *empire qu'on vous propose ne saurait être cette mo-*
« *narchie tempérée et durable dont vous attendez tous*
« *ces biens.* On se trompe et on vous trompe quand
« on vous les promet en son nom. La monarchie
« véritable, la monarchie traditionnelle, appuyée
« sur le droit héréditaire et consacré par le temps,
« peut seule vous remettre en possession de ces
« précieux avantages et vous en faire jouir à ja-
« mais.

« Le génie et la gloire de Napoléon n'ont pu suf-
« fire à fonder rien de stable ; son nom et son souve-
« nir y suffiraient bien moins encore. On ne réta-
« blit pas la sécurité en ébranlant le principe sur
« lequel repose le trône, et *on ne consolide pas tous*
« *les droits en méconnaissant celui qui est parmi nous*
« *la base nécessaire de l'ordre monarchique.* La monar-
« chie en France, c'est la maison royale de France
« indissolublement unie à la nation. Mes pères et
« les vôtres ont traversé les siècles, travaillant
« de concert, selon les mœurs et les besoins du

« temps, au développement de notre belle patrie.
« Pendant quatorze cents ans, seuls entre tous les
« peuples de l'Europe, les Français ont toujours
« eu à leur tête des princes de leur nation et de
« leur sang. L'histoire de mes ancêtres est l'histoire
« de la grandeur progressive de la France, et c'est
« encore la monarchie qui l'a dotée de cette con-
« quête d'Alger, si riche d'avenir, si riche déjà par
« les hautes renommées militaires qu'elle a créées,
« et dont la gloire s'ajoute à toutes vos gloires.

« Quels que soient sur vous et sur moi les desseins
« de Dieu, resté chef de l'antique race de vos rois,
« héritier de cette longue suite de monarques qui,
« durant tant de siècles, ont incessamment accru et
« fait respecter la puissance et la fortune de la
« France, je me dois à moi-même, je dois à ma
« famille et à ma patrie de protester hautement
« contre des combinaisons mensongères et pleines
« de dangers. *Je maintiens donc mon* DROIT QUI EST
« LE PLUS SUR GARANT DES VÔTRES, et, prenant Dieu
« à témoin, je déclare à la France et au monde que,
« *fidèle aux lois du royaume* et aux traditions de mes
« aïeux, je conserverai religieusement jusqu'à mon
« dernier soupir le dépôt de la monarchie hérédi-
« taire dont la Providence m'a confié la garde, ET
« QUI EST L'UNIQUE PORT DE SALUT OU, APRÈS TANT
« D'ORAGES, CETTE FRANCE, OBJET DE TOUT MON AMOUR,
« POURRA RETROUVER ENFIN LE REPOS ET LE BONHEUR. »

En 1866 il voit, avec regret, la France abandonner la cause du Pape, soutenir si fatalement au

Mexique celle d'un malheureux prince qui, après
tout, n'était qu'un aventurier, et laisser s'agrandir
à nos portes la Prusse, dont le despotisme militaire
rendait si menaçante l'unité allemande. Son patriotisme s'alarme et il écrit à un ami la lettre suivante :

« Frohsdorf, le 9 décembre 1866.

    « L'année qui va finir, mon cher ami, n'a pas
« été heureuse pour l'Europe, et en particulier pour
« la France ; la gravité des circonstances frappe
« tous les esprits, la situation est pleine d'incerti-
« tudes et de périls, l'opinion publique s'en émeut,
« les intérêts menacés s'inquiètent du présent et s'ef-
« fraient de l'avenir ; à peine remis d'une secousse
« violente, ils en redoutent de nouvelles ; des ques-
« tions qui semblent assoupies se réveillent ; partout
« on arme, partout on prépare des moyens formida-
« bles de destruction et de guerre ; les événements
« dont l'Allemagne et l'Italie ont été récemment le
« théâtre ont confondu tous les calculs, trompé toutes
« les prévisions, rompu brusquement l'équilibre eu-
« ropéen, et aucun pays n'en a ressenti plus vive-
« ment que le nôtre le contre-coup. Cependant, grâce
« à Dieu, en considérant avec calme et de sang-
« froid l'état des choses, je n'y vois rien pour nous
« d'irréparable. Notre influence prépondérante a
« été profondément atteinte, mais une sage et ferme
« conduite, sans témérité comme sans faiblesse,
« peut la relever. Oui, la France avec son énergie,
« sa loyauté, son désintéressement prompt à se pas-

« sionner pour toutes les grandes idées, à se dévouer
« pour toutes les justes causes, avec son armée aussi
« admirable par la discipline que par la valeur,
« avec sa puissante unité, œuvre des siècles, mar-
« chera toujours à la tête des nations ; *sa grandeur*
« *est nécessaire à l'ordre, à la stabilité, au repos de*
« *l'Europe;* mais c'est une raison de plus pour ne
« pas négliger les conseils d'une politique pré-
« voyante, pour ne pas accepter en silence ce que
« nos pères se sont efforcés d'empêcher dans tous
« les temps, pour ne pas laisser se former à nos
« portes deux vastes États, dont l'un surtout dis-
« pose d'une puissance militaire incontestable. Jus-
« tement jaloux de l'honneur et de la dignité de
« notre belle patrie, craignons pour elle jusqu'à
« l'ombre même d'un amoindrissement de l'in-
« fluence qui lui appartient. Ici, naturellement, ma
« pensée se porte avec tristesse sur Rome, où nous
« laissons abattre en ce moment une des grandes
« choses que Dieu a faites par la France, *gesta Dei*
« *per Francos,* je veux dire la souveraineté tempo-
« relle du chef de l'Église, indispensable garantie
« de son indépendance et du libre exercice de son
« autorité spirituelle dans tout l'univers. Lorsqu'il y
« a dix-huit ans nous avons relevé cette institution
« dix fois séculaire, un instant renversée par la ré-
« volution , nous avons revendiqué hautement,
« comme un droit sacré, le devoir de la défendre
« contre de nouvelles attaques, et tant que nos sol-
« dats ont gardé la cité sainte, la révolution a

« tremblé devant eux. Mais leur départ est annoncé ;
« après eux, qu'arrivera-t-il ? Si d'autres pensées
« avaient présidé au gouvernement de notre pays,
« fidèle à ses traditions nationales et à son glorieux
« titre de fille aînée de l'Église, la France aurait eu
« quelque chose de plus à offrir au Saint-Père qu'un
« appui provisoire et passager. Soutenu par elle,
« Pie IX n'aurait eu rien à craindre de ses ennemis,
« il eût accompli en paix sa double mission de pon-
« tife et de roi, et ses peuples lui devraient depuis
« longtemps les améliorations dont il avait pris
« lui-même la généreuse et paternelle initiative.

« Aujourd'hui nous touchons peut-être à une ca-
« tastrophe dont les conséquences sont incalcu-
« lables, ce n'est pas l'avenir de la souveraineté
« pontificale qui est seul en péril ; jusque-là il ne
« s'agissait, disait-on, en dépouillant le chef de
« l'Église de son pouvoir temporel, que de le rame-
« ner à la sainte et vénérable pauvreté de l'âge
« apostolique, afin que, déchargé de tous les soins
« de la terre, il pût exercer plus librement son au-
« torité spirituelle, mais maintenant on ne s'en
« cache plus. Dans son pouvoir temporel, c'est bien
« son autorité spirituelle qu'on veut atteindre ;
« *c'est au principe même de toute religion et de toute*
« *autorité qu'on s'en prend.* Bientôt on demandera
« logiquement que de nos lois et de nos tribunaux
« disparaisse l'idée de Dieu ; alors il n'y aura plus
« entre les hommes d'autre lien que l'intérêt. La
« justice ne sera plus qu'une convention, il ne res-

« tera plus d'autre moyen pour l'obtenir que la
« force, et l'édifice social, miné jusque dans ses fon-
« dements, s'écroulera de toute part.

« On repousse, NON SANS RAISON, l'immixtion de
« l'Église dans la politique, on veut que le clergé
« se renferme dans ses saintes fonctions sans se
« mêler aux choses du dehors ; mais comment
« pourra-t-il ne pas s'en occuper quand on aura
« jeté le trouble dans le gouvernement de l'Église,
« quand son chef vénéré ne sera plus libre ou qu'on
« l'aura forcé à quitter Rome et à errer sans asile,
« n'ayant pas où reposer sa tête ?

« Non, *la cause de la souveraineté temporelle du Pape*
« *n'est pas isolée,* ELLE EST CELLE DE TOUTE RELIGION,
« CELLE DE LA SOCIÉTÉ, CELLE DE LA LIBERTÉ ; il faut
« donc à tout prix en prévenir la chute. Disons-le
« à la louange de notre pays, à aucune époque et
« dans aucune circonstance, il ne s'est trompé sur
« le caractère et la portée de ce qu'il voyait s'ac-
« complir, son sens droit n'a cessé d'indiquer ce qu'il
« y avait à faire et à éviter. Ainsi, les impressions
« premières sur l'Italie, sur l'expédition du Mexi-
« que, sur la lutte prête à s'engager en Allemagne,
« ont signalé d'avance, dans les étroites limites
« laissées à leurs manifestations, les dangereuses
« conséquences d'une politique poursuivie malgré
« les avertissements réitérés que les faits n'ont pas
« tardé à justifier.

« Vous me tracez, mon cher ami, un affligeant
« tableau de notre situation intérieure. Je recon-

« nais comme vous la profondeur du mal qui arrête
« au-dedans l'essor de nos destinées; vous savez
« depuis longtemps les vœux que ma raison et mon
« cœur me dictent pour ma patrie, est-il besoin de
« vous les redire ici? Un pouvoir fondé sur l'hérédité
« monarchique respectée dans son principe et dans
« son action, sans faiblesse comme sans arbitraire;
« *le gouvernement représentatif dans sa puissante vita-*
« *lité, les dépenses publiques sérieusement contrôlées, le*
« *règne des lois, le libre accès de chacun aux emplois et*
« *aux honneurs, la liberté religieuse et les libertés civiles*
« *consacrées et hors d'atteinte, l'administration inté-*
« *rieure dégagée des entraves d'une centralisation exces-*
« *sive, la propriété foncière rendue à la vie et à l'indé-*
« *pendance par la diminution des charges qui pèsent*
« *sur elle;* l'agriculture, le commerce et l'industrie
« encouragés, *et au-dessus de tout cela une grande*
« *chose :* l'HONNÊTETÉ! l'honnêteté qui n'est pas
« moins une obligation dans *la vie publique que*
« *dans la vie privée;* l'honnêteté qui fait *la valeur*
« *morale des États comme des particuliers.* Est-il néces-
« saire d'ajouter qu'après tant de déchirements un
« des premiers besoins de la France c'est l'union?
« La seule politique qui lui convienne est une poli-
« tique de conciliation qui relie au lieu de séparer,
« qui mette en oubli toutes les anciennes dissiden-
« ces, qui fasse appel à tous les dévouements, à tous
« les mérites, à tous les nobles cœurs qui, aimant
« leur patrie comme une mère, la veulent grande,
« libre, heureuse et honorée.

« Quant à moi, ma douleur est de voir de loin les
« maux de mon pays sans qu'il me soit donné de
« les partager ; mais si, dans les épreuves qu'il peut
« avoir encore à traverser, la Providence m'ap-
« pelle un jour à le servir, n'en doutez pas, vous
« me verrez paraître résolûment au milieu de vous
« pour nous sauver ou périr ensemble.

« Vous qui me connaissez, mon cher ami, vous
« savez bien que les idées que je viens d'exprimer
« ont toujours été les miennes ; c'étaient les idées de
« ma jeunesse, ce sont mes idées d'aujourd'hui,
« confirmées et mûries par le travail et l'expé-
« rience.

« Je vous renouvelle, mon cher général, l'assurance
« de ma sincère et bien constante affection.

« HENRI. »

Enfin, quand la France paraît livrée tout à la fois
à l'anarchie au dedans et à la guerre extérieure la
plus désastreuse, quand tous les yeux cherchent un
point de ralliement, un pouvoir régulier, un signe
de l'unité française fractionnée en cinq ou six ré-
publiques *indivisibles*, il songe qu'il peut apporter
le salut à la France, il pense que son moment est
peut-être venu, et, accouru sur nos frontières qu'il
ne veut pas passer, dans la crainte de devenir un
élément de division, il excite de là ses amis à se sou-
lever en masse pour la défense nationale, et, du fond
de son cœur vraiment royal, il adresse le 9 octobre
1870 les paroles suivantes au peuple français :

Monseigneur le comte de Chambord à la France.

« FRANÇAIS ,

« Vous êtes de nouveau maîtres de vos destinées.

« Pour la quatrième fois, depuis moins d'un demi-
« siècle, vos institutions politiques se sont écroulées,
« et nous sommmes livrés aux plus douloureuses
« épreuves.

« La France doit-elle voir le terme de ses agita-
« tions stériles, source de tant de malheurs ? C'est
« à vous de répondre.

« Durant les longues années d'un exil immérité,
« je n'ai pas permis un seul jour que mon nom fût
« une cause de division et de trouble ; mais aujour-
« d'hui qu'il peut être un gage de conciliation et de
« sécurité, je n'hésite pas à dire à mon pays que je
« suis prêt à me dévouer tout entier à son bonheur.

« Oui, la France se relèvera, si, éclairée par les
« leçons de l'expérience, lasse de tant d'essais in-
« fructueux, elle consent à rentrer dans les voies
« que la Providence lui a tracées.

« Chef de cette maison de Bourbon qui, avec l'aide
« de Dieu et de vos pères, a constitué la France
« dans sa puissante unité, je devais ressentir plus
« profondément que tout autre l'étendue de nos
« désastres, et, mieux qu'à tout autre, il m'appar-
« tient de les réparer.

« Que le deuil de la patrie soit le signal du réveil
« et des nobles élans. L'étranger sera repoussé, l'in-
« tégrité de notre territoire assurée, si nous savons

« mettre en commun tous nos efforts, tous nos dé-
« vouements et tous nos sacrifices.

« Ne l'oubliez pas, c'est par le retour à ses tradi-
« tions de foi et d'honneur que la grande nation,
« un moment affaiblie, recouvrera sa puissance et sa
« gloire.

« Je vous le disais naguère : GOUVERNER NE CONSISTE
« PAS A FLATTER LES PASSIONS DES PEUPLES, MAIS A S'AP-
« PUYER SUR LEURS VERTUS.

« Ne vous laissez plus entraîner par de fatales illu-
« sions, les institutions républicaines, qui peuvent
« correspondre aux aspirations de sociétés nou-
« velles, ne prendront jamais racine sur notre
« vieux sol monarchique.

« Pénétré des besoins de mon temps, *toute mon*
« *ambition est de fonder* AVEC VOUS *un gouvernement*
« *vraiment national,* AYANT LE DROIT POUR BASE,
« L'HONNÊTETÉ POUR MOYEN, LA GRANDEUR MORALE
« POUR BUT.

« Effaçons jusqu'au souvenir de nos discussions
« passées, si funestes au développement du véritable
« progrès et de la vraie liberté.

« Français, qu'un seul cri s'échappe de votre
« cœur :

« Tout pour la France, par la France et avec la
« France.

« HENRI.

« Frontière de France (Suisse), 9 octobre 1870. »

CONCLUSION GÉNÉRALE.

> Benoît XIV disait en 1740 : « La nation
> française est une étrange et heureuse
> nation, elle fait des sottises tant que le
> jour dure et Dieu les répare pendant
> la nuit. »

Benoît XIV avait raison, et il aurait pu trouver la
cause de ce qui le frappait tant dans notre histoire,
non-seulement dans une protection divine bien évi-
dente qui a fait dire que la France était le peuple
de Dieu dans la nouvelle alliance, mais aussi dans le
caractère éminemment pratique du peuple français.

Malgré l'ardeur excessive et dangereuse qui s'en
empare trop souvent en faveur d'idées qu'il croit
neuves, progressives, fécondes, le sens droit du vrai
et du juste prend bientôt le dessus, la logique do-
mine promptement l'enthousiasme, les vrais principes s'imposent à la fin, et, plus vite que partout
ailleurs, les conceptions théoriques s'épurent au
creuset de l'expérience pour descendre des cimes
escarpées de l'utopie dans les régions plus acces-
sibles de la pratique sage et féconde.

C'est justement là ce qui constitue l'âme de la
France et ce qui fait la force de ce grand parti du

bon sens et du sens moral auquel nous faisons un appel plein de confiance. Il faut qu'il se réveille partout et que tous les conservateurs s'unissent dans un effort commun pour constituer le grand parti de l'ordre. Mais pour cela toutes les petites divisions de parti doivent disparaître, toutes les questions de personnes s'effacer ; il faut que les nuances se fondent quand on se classe par couleurs. Tous doivent s'unir pour défendre la vérité; il ne doit plus y avoir qu'un *chrétien*, qu'un *économiste*, qu'un *Français*, à la fois conservateur et libéral.

Au *chrétien*, quelle que soit sa religion ou sa secte, romaine ou séparée, nous disons une dernière fois: Si vous voulez résister aux attaques du rationalisme, du scepticisme, du matérialisme en théorie et en pratique, des hégéliens et des solidaires, des libres-penseurs et des libres-faiseurs; si vous voulez sauver le concept religieux, *de quelque manière et à si faible degré qu'il se pose*, comme dit Proudhon, élevez-vous jusqu'aux vérités absolues, serrez-vous autour de la papauté, abandonnez les demi-vérités, les demi-situations, les postes isolés, et fortifiez-vous sur le sommet des vrais principes.

A l'*économiste*, quelles que soient son école, sa patrie, sa spécialité, nous disons : C'est à vous que revient la noble tâche de défendre la société contre les rêveries des novateurs, contre les empiétements des scribes et des gouvernants, contre l'ignorance et la routine de tous; vous avez à faire triompher dans le monde la vérité sociale; dépouillez-la de ses moindres obscurités, repoussez les moindres erreurs à cause de leurs conséquences possibles, remontez, vous aussi, aux principes, aux vérités absolues et intolérantes par nature, ne pactisez en rien avec l'erreur.

Au *Français*, quels que soient son parti jusqu'ici, ses précédents et son passé, nous disons : Il en est dans le domaine de la politique proprement dite comme dans le domaine religieux, comme dans celui de l'économie sociale ; les expédients nés des circonstances du moment et des combinaisons de personnes sont bien vite usés quand l'expérience a permis de juger la fausseté de leurs bases, la faiblesse de leurs constitutions, la corruption de leurs moyens. Depuis quatre-vingts ans nous avons essayé et rebuté tous les systèmes, nous sommes tombés successivement et par deux fois dans l'anarchie la plus effrayante et dans le despotisme le plus humiliant, et, comme pour justifier cette parole de J. de Maistre qui prétendait que la nation française était trop noble pour être esclave et trop fougueuse pour être libre, rien de tout cela n'a pu prendre racine.

Que l'expérience au moins vous éclaire si la logique ne suffit pas à vous convaincre ; revenez à la loi fondamentale de notre vieille constitution française, à la royauté héréditaire et traditionnelle ; c'est là que sont, en politique, les principes vrais, et par conséquent absolus ; il n'y a que ceux-là qui puissent résister à l'attaque.

Puis, réunissant dans une allocution commune le *chrétien*, l'*économiste* et le *Français*, nous leur disons: Groupez-vous autour du faisceau de vérités et de principes que vous devez, un jour, faire triompher dans le monde, appuyez-vous l'un sur l'autre, touchez-vous les coudes et faites face de tous côtés, comme trois chasseurs d'Afrique recevant sur un coteau l'attaque des cavaliers du désert; souvenez-vous que celui qui sortirait du terrain solide des principes, qui n'existe qu'au sommet, trouverait un sol glissant et serait fatalement entraîné dans les abîmes qui vous entourent; soyez bien convaincus que la victoire commune ne sera obtenue que par les efforts communs.

C'est ainsi, mais seulement ainsi que vous sauverez la *religion*, la *patrie* et la *société*; c'est-à-dire l'*autel*, le *trône* et le *foyer domestique*. Ils ont été attaqués ensemble par l'esprit de la révolution (voir note XXIV), ils se relèveront ensemble par l'esprit impartial de vérité, de justice et de liberté.

Malheureusement nous n'avons plus les grands caractères de nos pères, cette vie sévère et grave dont certaines villes de parlement conservent encore des types héréditaires, ce sentiment d'honneur, de vraie noblesse et de justice qui animait toute la nation, qui contribuait beaucoup à réprimer les excès de notre caractère national et qui traçait à chacun son devoir dans les moments de crises sociales; nous n'avons plus, surtout, ce respect des principes supérieurs et fondamentaux de notre constitution nationale dans lesquels la France a trouvé son salut au milieu des crises les plus redoutables, et que nos ancêtres savaient mettre au-dessus des plus violentes passions du moment.

Ainsi Charles VII, réfugié à Bourges, sans armée, sans trésor, sans secours étranger, désespérant un moment de sa propre cause, à côté du secours providentiel personnifié par Jeanne d'Arc, trouvait dans le sentiment français, dans le dévouement de tous les ordres de la nation au principe héréditaire de ses rois, dans l'énergie vitale de cette constitution séculaire, la force de chasser les Anglais, maîtres de sa capitale et de presque tout son royaume, mais maîtres par la force et non par le droit.

Ainsi Henri IV, encore protestant, malgré les efforts et les menées des Guise, malgré les passions de la Ligue, malgré les craintes qu'ils pouvaient éprouver pour leur foi religieuse, avait obtenu, trois ans avant sa conversion, l'adhésion de 101 évêques sur 118 qui existaient alors en France, et ce respect du principe héréditaire sauvait notre patrie de la guerre civile, d'abord, et du désordre monarchique qui aurait suivi le triomphe de la Ligue, dont les chefs, bien vite divisés entre eux, auraient sûrement conduit le pays à sa perte par l'abus de la force ou le despotisme de plusieurs, bien pire que celui d'un seul.

Ainsi, dans les temps modernes, nous avons vu Louis XVIII, presque oublié de la nation, arrivant d'un long exil, seul, sans secours, se poser non pas *avec,* comme on l'a dit depuis de mauvaise foi, mais *contre* les baïonnettes étrangères, et sauver la France en l'arrachant par la seule autorité de son nom et de son droit héréditaire des mains d'une coalition européenne trop justement irritée et qui l'avait déjà partagée. (Note XXV.) L'histoire commence à parler après les passions politiques du moment, et si des revirements de fortune publique aussi prompts que le furent ceux de 1814, des Cent-Jours et de 1815, amenèrent des excès, des violences, des vengeances sévères ou cruelles de part et d'autre, tout le monde reconnaît aujourd'hui que la France dut alors son salut au représentant oublié de nos vieux rois, devant l'autorité et la majesté duquel les souverains alliés s'inclinèrent comme malgré eux, et que le retour de l'île d'Elbe, la guerre nouvelle qui en fut la suite et qui était une violation de la foi jurée, devint la seule cause des conditions plus sévères de 1815.

Pourquoi ne pas espérer que la France peut encore de nos jours trouver son salut dans le principe tutélaire de la monarchie française? (Note XXVI.) C'est ce principe qui, par sa seule puissance morale, a sauvé la nationalité française sous Charles VII, qui a mis un terme sous Henri IV à la guerre civile la plus passionnée, puisqu'elle avait la religion pour motif ou pour prétexte, qui nous délivrait en 1815 des dangers de la conquête. Pourquoi ne nous sauverait-il pas aujourd'hui tout à la fois et de l'étranger, et de l'anarchie, et du despotisme?

Il suffit pour cela que l'opinion publique se prononce, que le monde intelligent, que le commerce et l'industrie, que la magistrature, que les hommes publics de tous les partis reconnaissent enfin que la série des expédients et des expériences politiques est épuisée, qu'une transaction est forcée aujourd'hui entre toutes les nuances du progrès et tous les partis monarchiques, et que cette transaction, franche, loyale, féconde, durable, peut seule nous donner la *vraie* pratique de la liberté avec le *vrai* principe de l'autorité.

Les légitimistes les plus éclairés et les plus convaincus n'ont jamais séparé ces deux causes.» On racoñte que M. de Lourdoueix, prié d'inscrire quelques lignes sur un album, y traça ainsi le programme de l'avenir : « Si tous les noms illustres « qui figurent ici étaient apposés au bas de cette « formule : *hérédité légitime du pouvoir et droit im-* « *prescriptible des citoyens,* cet album serait le livre « d'or de la France (1). »

Nos pères avaient passé des siècles à chercher et à améliorer les bases de cette alliance féconde entre l'autorité et la liberté, et il y a longtemps que nous jouirions d'une solution définitive si nous avions respecté comme eux la stabilité du pouvoir, tout en l'entourant d'institutions de plus en plus libérales. (Note XXVII.) Nous aurions, tout d'abord, évité la démoralisation qui est née de l'instabilité même de ces pouvoirs, chacun se seutant à son tour

---

(1) Le fac-simile a été reproduit par le journal l'*Autographe* du 15 janvier 1864.

invité à profiter du présent et à ne pas compter sur l'avenir; nous aurions ensuite dépensé au vrai progrès agricole, commercial et industriel, l'activité absorbée dans nos luttes intestines et dans les incertitudes que nous éprouvons toujours pour l'avenir.

Il y a six mois, alors que personne ne prévoyait les malheurs qui sont venus fondre sur la patrie, les hommes les moins réfléchis, comme les plus sages, ne songeaient-ils pas avec frayeur au moment incertain de la chute de l'Empire par la mort de l'empereur? Qui pourrait mesurer la fâcheuse influence de cette incertitude sur la marche générale des affaires, même en temps ordinaire, et qui pourrait dire ce qu'eût été la crise provoquée par la mort naturelle ou tragique de l'empereur arrivée six mois, un an avant la guerre?

Eh bien! sans remonter bien loin dans notre histoire, nous pouvons voir le degré de sécurité que trouve une grande nation dans ce simple cri du héraut d'arme annonçant au peuple la fin d'un règne : « Le roi est mort, vive le roi ! »

Au mois d'août 1824, le 5 0/0 se négociait à 100 fr.; la nouvelle de la maladie du roi Louis XVIII et de ses progrès ne provoqua aucune baisse; le 11 septembre on cotait 98 fr. 85 c. et 99 fr., *coupon détaché*. La Bourse fut fermée le 12 et rouverte le 20 : le roi était mort le 16; la rente monta ce jour-là à 99 fr. 90 c., et le 30 du même mois à 101 fr. 40 c. et 101 fr. 65 c.

La sécurité intérieure que donne la transmission

régulière du trône se trouve ainsi établie par des chiffres; mais comment apprécier l'influence légitime et la puissance préservatrice qu'elle communique à une grande nation dans ses relations extérieures? On peut affirmer que la guerre d'Orient n'eût jamais été rendue nécessaire si la France avait toujours suivi avec modération, mais avec fermeté, la politique de la Restauration en Orient. Le roi de Prusse ne ferait pas le siége de Paris si, la première fois que l'on a voulu substituer en Europe l'abus de la force au droit des gens, un souverain régnant sur la France en vertu d'un principe légitime était venu protester au nom de la justice et de la morale internationale. L'homme du 2 décembre n'a pas pu le faire à cause de sa propre origine illégitime et illégale. C'était bien dans le rôle traditionnel de la France de défendre partout le droit attaqué par la force, le Pape au midi et le Danemark au nord; mais Louis-Napoléon, le parjure et le conspirateur, n'était pas digne de porter ce noble drapeau dans le monde, et c'est pour le lui avoir laissé toucher que nous sommes aujourd'hui l'objet des colères divines.

Nous avons démontré que si le XVIIIe siècle avait été un grand démolisseur, dont l'œuvre infernale avait été dignement couronnée par les excès de 1793, le XIXe semblait appelé à tout réparer, à tout restaurer, à relever toutes les ruines, à raffermir tous les principes. Pourquoi, lui aussi, ne trouverait-il pas le couronnement de son œuvre dans la restauration capitale du principe d'autorité?

Il semble que le bon sens public devine et prévoit depuis longtemps ce résultat final de toutes nos luttes. M. Glais-Bizoin lui-même ne disait-il pas à la Chambre des députés, dans la séance du 13 mars 1868 : « L'histoire nous apprend que les « nations ont quelquefois besoin de remercier la « Providence de leur tenir en réserve des sauveurs « qu'on a commencé par appeler des prétendants. » (Note XXVIII.) Voici, du reste, en quels termes un républicain bien connu en exprimait la pensée au prince, il y a près de vingt ans (1) :

« J'allais droit au but, dit-il, et voici textuelle- « ment, autant que ma mémoire me la rappelle, « la première phrase sérieuse que je lui adressai : « Monseigneur, lui dis-je, j'ignore et Dieu seul peut « savoir quelles destinées vous sont réservées dans « l'avenir; mais si vous avez une chance de régner « quelque jour en France, ce que, pour mon « compte, je ne désire pas, cette chance la voici : « que, par impossible, la France, épuisée par ses « expériences, à bout de ressources, ne trouve pas « dans le pouvoir électif la stabilité qu'elle pour- « suit, que le découragement, les mécomptes re- « tournent jamais ses pensées vers le principe héré- « ditaire, comme base plus fixe de l'autorité; vous « représentez ce principe, et, dans cas, c'est la « France elle-même qui viendrait vous chercher.

(1) M. Charles Didier, *Une visite à M. le duc de Bordeaux;* chez M. Lévy, Paris, 1849.

« Jusque-là, je ne vois pour vous qu'une chose à
« faire, attendre les événements. »

« M. le duc de Bordeaux m'avait écouté avec at-
« tention; à mesure que je parlais, sa physionomie
« se détendait visiblement : la glace du début était
« brisée. Il me répondit sans hésitation que je ve-
« nais de traduire sa pensée ; qu'il n'entreprendrait
« jamais rien contre les pouvoirs établis, ne vou-
« lait prendre aucune initiative et n'avait aucune
« ambition personnelle ; qu'il se considérait, en
« effet, comme le principe de l'ordre et de la sta-
« bilité; qu'il entendait maintenir ce principe
« intact, ne fût-ce que pour le repos futur de la
« France ; que ce principe était toute sa force, qu'il
« n'en avait pas d'autre; qu'il en aurait toujours
« assez pour remplir son devoir quel qu'il fût, et
« que Dieu, d'ailleurs, lui viendrait en aide. Si je
« rentre jamais en France, ajouta-t-il, ce ne sera
« que pour y faire de la conciliation, et je crois
« que moi seul en peux faire. »

Le prince aurait pu ajouter que lui seul aussi
pouvait faire de la liberté vraie, sincère et durable
à l'intérieur, de la politique intelligente, traditionnelle, puissante et pacifique à l'extérieur.

Nous croyons, en effet, avoir suffisamment démontré pour tout homme sérieux qui nous aura lu
de sang-froid et sans passion :

1° Que le progrès matériel et le progrès moral
sont inséparables et solidaires, et que l'un est toujours la condition et la conséquence de l'autre.

2° Que leur ensemble n'est que le développement naturel et normal de la loi de justice et d'amour apportée au monde par le Christ et de la civilisation chrétienne qui en est l'application sociale.

3° Que la liberté et la responsabilité individuelle, nées de cette grande réforme, ne sont assurées que sous la condition du respect volontaire de la loi morale au for intérieur et des traditions politiques et sociales au for extérieur.

4° Que la France ne peut retrouver le repos qu'en revenant à l'hérédité du pouvoir, loi fondamentale de sa constitution séculaire, et à la simple et grande représentation de ses États généraux appuyés sur des libertés locales fortement constituées.

5° Enfin, que nous devons subir d'abord cette transformation intérieure pour reprendre notre place et notre rôle dans le monde à la tête du progrès légitime et chrétien.

Espérons que l'opinion publique en France comprendra bientôt la vérité de ces principes et la corrélation intime qui les unit; que chacun fera taire les voix de la violence, de l'intrigue et des passions, pour écouter celle du bon sens et de la logique; espérons, enfin, que Dieu, dans sa miséricorde, après les cruelles épreuves que traverse la patrie, lui réserve, sur le terrain que nous indiquons, le calme, le repos et la paix.

APPENDICE

NOTES ET DOCUMENTS

NOTE I.

La liberté , la vraie liberté , mais c'est l'Église qui en a la conception la plus pure , et c'est à un prélat que nous en emprunterons la formule la plus complète :

« La liberté, disait en 1849 Mgr Rendu, évêque d'Annecy,
« c'est l'homme tel qu'il est sorti des mains de Dieu, l'homme
« avec son intelligence et sa volonté.... La puissance dont
« chaque citoyen jouit dans la société dont il fait partie, c'est
« ce qu'on appelle liberté ; et comme cette puissance du citoyen
« se manifeste dans des circonstances diverses, on peut, et
« même on doit la désigner sous des noms divers ; mais c'est
« toujours la liberté. Elle comprend :

« 1° La *liberté religieuse,* qui elle-même se compose de la
« liberté de conscience, de la liberté du culte et de la liberté
« du prosélytisme.

« 2° La *liberté civile,* qui contient la liberté de personne, la
« liberté du domicile, celle de la propriété, et partant le con-
« sentement à l'impôt.

« 3° La *liberté politique,* qui assure à tout individu son
« concours dans la confection des lois, dans la surveillance
« de la fortune publique.

« 4° La *liberté d'enseignement* par l'écriture ou par les livres,
« par la parole ou par l'exemple.

« 5° La *liberté administrative,* dans la famille, dans la com-
« mune, dans la province, dans l'État.

« 6° Enfin, la *liberté d'association,* qui comprend les natio-
« nalités, l'association des capitaux pour les grandes entre-
« prises, des bras pour le travail, des cœurs et des consciences
« pour la prière, pour l'exercice de la charité, et même pour
« le plaisir.

« C'est de cette dernière espèce de liberté que dépend plus
« spécialement le progrès de la civilisation. »

(*De la liberté et de l'avenir de la République française.*
1849, p. 36.)

On peut affirmer que Montesquieu, le profond
Montesquieu, n'avait point une perception aussi
claire de la liberté quand il écrivait, sur le même
sujet, les lignes suivantes :

« Il n'y a point de mot qui ait reçu plus de différentes si-
« gnifications et qui ait frappé les esprits de tant de manières
« que celui de *liberté.* Les uns l'ont pris pour la facilité de
« déposer celui à qui ils avaient donné un pouvoir tyrannique ;
« les autres, pour la faculté d'élire celui à qui ils devaient
« obéir ; d'autres, pour le droit d'être armés et de pouvoir
« exercer la violence.... ; ceux-ci ont attaché ce nom à une
« forme de gouvernement et en ont exclu les autres ; ceux qui
« avaient goûté du gouvernement républicain l'ont mis dans
« ce gouvernement ; ceux qui avaient joui du gouvernement
« monarchique l'ont placé dans la monarchie. Enfin, chacun
« a appelé *liberté* le gouvernement qui était conforme à ses
« coutumes et à ses inclinations....

« .... La liberté est le droit de faire tout ce que les lois
« permettent : et si un citoyen pouvait faire ce qu'elles dé-

« fendent, il n'aurait plus de liberté, parce que les autres
« auraient tout de même ce pouvoir. »

(Esprit des Lois, liv. XI, ch. ɪɪ et xɪv.)

Il aurait fallu dire, au moins, tout ce que la loi
naturelle permet, car le despotisme peut avoir été
introduit dans les lois faites par les hommes.

NOTE II.

Lettre de M. Prescott-Ward, protestant américain. publiée
dans l'Union du 7 juillet 1867.

Celui qui ne craint pas le recueillement, qui peut porter le
poids d'une pensée sérieuse, se replie parfois sur lui-même
et sur son temps ; il en voit les infirmités et les besoins.

Dans la liberté de notre intelligence, nous comprenons que
le premier besoin du siècle qui est le nôtre, c'est d'avoir une
croyance qui l'élève et un frein qui le retienne. La foi chrétienne et la conscience chrétienne lui peuvent seules apporter
ces deux bienfaits.

C'est là notre conviction intime, et nous sommes heureux
de l'avoir. Mais, hélas ! nous sentons que le christianisme
n'avait jamais passé par une crise plus périlleuse, aussi nous
nous reprocherions un silence prolongé comme un crime et
une lâcheté : væ mihi quia tacui !

La communion chrétienne est partagée en deux grands ra-
meaux : les catholiques romains ou ceux qui croient avant de
raisonner, et les dissidents ou ceux qui raisonnent avant de
croire. Nous appartenons à cette dernière branche, et nul plus
que nous n'appelle de ses vœux le jour où les Églises baptisées
réunies ne formeront qu'un seul troupeau sous un seul pas-
teur : unum ovile et unus pastor.

Chrétien avant tout, toute atteinte portée au christianisme
nous blesse profondément. Aussi n'avons-nous pu voir sans
émotion les diverses violations et les amoindrissements répétés
subis par le Pape comme roi temporel. Chrétien avant tout,

nous ne sommes insensible à aucun des dévouements dont cette grande institution chrétienne du pouvoir temporel de l'évêque de Rome est l'objet. Nous sommes heureux de saluer la généreuse abnégation de ces nobles jeunes hommes qui se sont arrachés à leur patrie et à de belles positions pour venir mettre au service de Pie IX une épée que, pour plusieurs, leurs pères avaient déjà portée aux croisades.

Oui, ceux qui sont tombés sur les champs de Castelfidardo sont tombés, peut-être sans le savoir, martyrs de la civilisation et du christianisme! Quand je les entends traiter, par certains écrivains, de fanatiques réactionnaires, je suis bien plutôt tenté de les regarder comme les *confesseurs du progrès,* eux qui prêchent l'exemple du sacrifice et du dévouement à une société égoïste et matérialiste.

Le pape des catholiques est pour nous l'évêque de Rome, le successeur de saint Pierre, la plus haute personnification de l'épiscopat chrétien. Son ministère doit être indépendant pour être libre, et entouré de prestige extérieur pour être respecté. — J'ai besoin qu'un évêque chrétien soit l'égal des rois; j'ai besoin qu'un évêque chrétien soit à l'abri de l'oppression; car si tous les évêques étaient bâillonnés, je veux savoir où j'en trouverais un pour me parler hautement et librement de mon Dieu et de mon baptême; si tous les évêques, si tous les prêtres étaient enchaînés, je veux être sûr qu'à mon lit de mort, à travers la distance, un bras sacerdotal pourra se lever librement vers le ciel et s'abaisser vers mon agonie pour la bénir et la consoler! — Comme chrétien, je suis pour le pouvoir temporel de l'évêque de Rome; comme philosophe, comme politique, que n'aurais-je pas à dire? Mais la nécessité de cette institution a été victorieusement démontrée au Corps législatif français et dans la presse, par des hommes comme les Thiers, les Guizot, les Montalembert, et chacun se souvient de l'opinion d'un des plus illustres philosophes spiritualistes de notre époque, M. Victor Cousin, relatée par Mgr Dupanloup, évêque d'Orléans, dans son admirable livre : *De la souveraineté pontificale.* Il ne me reste donc rien à ajouter. J'oserai pourtant soumettre une simple réflexion aux hommes de ce parti qui croit avoir le monopole du patriotisme ; eux qui font un si bruyant étalage de leurs opinions républicaines, ils accepteront peut-être ce conseil désintéressé du citoyen d'un grand pays qui, depuis son émancipation, doit au régime républicain sa liberté, sa gloire, sa prospérité Le patriotisme ne consiste pas à entraver, par des manœuvres de parti pris, l'action du gouvernement de son pays, mais à éclairer et à seconder sa marche. — Ils se montreront vraiment Italiens en travaillant à réconcilier Rome et Florence sur des bases sérieuses, justes et dignes, en poussant leur pays sur la voie des économies et des réformes financières, au lieu de l'obliger à un déploiement de troupes onéreux pour les deux États. Ils veulent l'Italie grande et puissante! ils l'aideront à réaliser cette grande destinée, non par leurs complots et leurs déclamations, mais en se rendant dignes de l'Italie et de la liberté par leurs travaux, leur constance et leur abnégation. — Plus loin, j'ai écrit le mot d'autorité spirituelle, que plusieurs s'étonneront de trouver sous la plume d'un protestant.

Ici se place un des souvenirs les plus suaves de ma vie; il y a quatre ans, je revenais de mon pays, la libre Amérique. Je visitai Rome, j'y rêvai sur des ruines admirables, je parcourus ses plus riches musées, et enfin je demandai et obtins l'honneur d'être reçu par le Pape.

Eh bien! en présence de ce vieil évêque qui porte sur son front la triple gloire de la royauté, de la vieillesse et du malheur, j'oubliai nos dissidences; bien plus, j'enviai ces heureux chrétiens qui, les yeux tournés vers ce magnanime vieillard, attendent à genoux que sa bouche laisse tomber des paroles qui seront obéies comme des articles de foi. J'aurais donné tout au monde pour croire comme ils croient, pour l'aimer comme ils l'aiment, et pour le regarder comme le représentant visible de Dieu sur la terre, comme le temple où le Saint-Esprit rend toujours ses oracles. Alors, plus que jamais, j'ai éprouvé *le besoin de l'union*. C'est sous l'empire de ce souvenir sacré que j'appelle tous les chrétiens à déposer le douloureux fardeau des préjugés injustes et des haines aveugles, et à s'unir pour défendre le christianisme, s'ils veulent sauver la société.

Prescott-Ward.

NOTE III.

Voici l'un des passages auxquels il est fait allusion :

« Plus augmente par rapport à un produit la puissance pro-
« ductive de l'individu ou de la nation, et plus la valeur de
« ce produit sur le marché doit diminuer par la concurrence
« que se font les producteurs ; le prix, qui est la valeur en or
« ou en argent, baisse d'autant (1). Ceci revient à dire que,
« à mesure que la puissance productive augmente pour un
« objet, les hommes qui en ont besoin se le procurent plus
« facilement, en retour d'une moindre partie de la somme que
« leur rapporte leur travail quotidien, ou encore, pour dire
« la même chose autrement, en échange d'une moindre fraction
« de leur effort journalier.

« C'est ainsi qu'en définitive la puissance productive se
« manifeste par le bon marché des produits et se confond avec
« ce bon marché.

« Le développement de la puissance productive rend donc
« accessible à un nombre toujours croissant d'individus et de
« familles les objets qui primitivement étaient réservés à un
« petit nombre de privilégiés. Il remplace la rareté par l'abon-
« dance, la détresse de l'immense majorité par le bien-être
« et même l'opulence d'une proportion toujours croissante des
« membres de la société.

« On peut exprimer autrement l'effet de la même cause, en
« disant qu'elle dispense graduellement le grand nombre du
« travail écrasant auquel il fallait qu'il fût soumis et réduit
« à l'origine, afin de procurer à la société les objets de pre-
« mière nécessité, sans lesquels elle serait littéralement morte
« de faim et de dénuement, et à quelques chefs le luxe dont,
« à tous les degrés de la civilisation, l'homme puissant re-

(1) A moins que la valeur des métaux n'éprouve elle-même quelque
perturbation qui la fasse décroître ou augmenter d'une manière sensible. Le fait est arrivé à diverses époques, mais rarement.

« cherche l'éclat sur sa personne, parmi son entourage et dans
« sa demeure.

« Le progrès de la puissance productive de l'individu et de
« la société est un phénomène parallèle à l'élévation succes-
« sive qu'a éprouvée la condition morale, sociale et politique
« du grand nombre, élévation où l'on peut distinguer les de-
« grés suivants : l'abolition de l'esclavage, celle du servage,
« l'amélioration du salariat, et finalement l'association plus
« ou moins caractérisée entre le patron et l'ouvrier.

« On a fait, au sujet de quelques-uns des objets que
« l'homme produit pour la satisfaction de ses besoins, des
« calculs approximatifs, dans le but de déterminer la progres-
« sion qu'avait. suivie la puissance productive depuis l'ori-
« gine des temps historiques ou depuis la naissance de l'in-
« dustrie spéciale de ces objets. On a pu constater ainsi deux
« choses :

« 1° Que le changement est très grand : de 1 à 10, à 100, à
« 200, à 1,000 et plus ;

« 2° Que dans les cent dernières années, même dans le
« dernier demi-siècle, la transformation est infiniment plus
« marquée que dans aucune autre période antérieure.

« Pour la mouture du blé, depuis le temps d'Homère, le
« progrès de la puissance productive, mesurée comme il a été
« dit plus haut, paraît être de 1 à 150 environ. Pour la filature
« du coton, depuis un siècle seulement, il est beaucoup plus
« fort. On trouve dans un intéressant écrit tout récent, sur
« les textiles, de M. Carcenac, membre du jury des récom-
« penses à l'Exposition de 1867, le renseignement suivant :
« si l'on avait dû faire à la main tout le filé de coton que fa-
« brique l'Angleterre en une année, au moyen de ses métiers
« *self-acting* ou automoteurs, qui portent jusqu'à 1,000 broches
« (c'est-à-dire font mille fils à la fois), il y aurait fallu 91 mil-
« lions d'hommes, soit la totalité de la population de la France,
« de l'Autriche et de la Prusse réunies.

« Quelquefois, du jour au lendemain, l'invention d'un
« nouveau procédé, l'introduction ou le simple perfectionne-
« ment d'une machine ou d'un procédé chimique suffit pour
« modifier très profondément la puissance productive.

« Parmi les nouveautés qui ont apparu à l'Exposition de 1867,

« on cite les grands changements apportés au métier à faire
« le tricot; une femme habile à tricoter fait 80 mailles par mi-
« nute ; avec le métier circulaire, elle en fera jusqu'à 480,000;
« la progression est de 1 à 6,000.

« Des faits pareils disent ce que le dénuement du commun
« des hommes devait être dans les temps anciens, où la puis-
« sance productive était si restreinte. La majorité ne pouvait
« être pourvue d'une manière supportable que dans les con-
« trées où la population, presque exclusivement agricole et
« dispersée sur un terrain fertile, se contentait des productions
« du sol, peu ou point élaborées, ou dans celles dont le climat,
« par sa douceur, diminuait la somme des besoins de l'homme,
« ou encore dans les localités exceptionnellement privilégiées
« où l'on avait, comme à Rome, la ressource des tributs im-
« posés à l'univers. »

(*Rapport au jury international,* Paris, imprimerie Paul
Dupont, 1868, introduction, p. 20 et suiv.)

NOTE IV.

Voici comment l'impartialité de l'historien, l'expérience de l'homme d'État et la sagesse du philosophe constatent cette influence par la plume
protestante de M. Guizot :

« Les peuples chrétiens sont les seuls, dit-il, chez qui la
« licence n'a pas définitivement amené l'anarchie ou le des-
« potisme, les seuls qui, à plusieurs reprises et par des réac-
« tions salutaires, aient traversé, sans y succomber morale-
« ment et politiquement, les excès du pouvoir et ceux de la
« liberté. Ni les États de l'antiquité païenne, ni ceux de
« l'Orient boudhiste ou musulman n'ont pu soutenir de telles
« épreuves; ils ont eu leurs jours de santé et de gloire, mais
« quand le mal de la licence ou de la tyrannie les a une fois
« atteints, ils y sont tombés sans retour, et la décadence,
« prompte ou lente, orageuse ou apathique, est devenue toute

« leur histoire. C'est l'honneur de la religion chrétienne
« qu'elle a de quoi relever les sociétés de leurs maladies
« comme les individus de leurs égarements, et que, par ses
« croyances et ses sentiments, elle a, plus d'une fois déjà,
« fourni tantôt aux amis de l'ordre, tantôt aux amis de la li-
« berté, des asiles dans leurs revers et des forces pour re-
« prendre le terrain perdu. »

M. Auguste Conti, professeur à l'université de
Pise, dans son *Histoire de la philosophie*, Florence,
1868, 2ᵉ volume, explique ainsi le fait historique
qui a frappé M. Guizot :

« L'histoire universelle nous montre un grand fait : que le
« paganisme détruit la civilisation et que le christianisme la
« restaure.... Le paganisme a été une corruption croissante
« de la civilisation; corruption parce qu'il obscurcissait la
« vérité, corruption croissante parce que la nuit s'épaississait
« en se prolongeant Il y a des gens qui pensent que le paga-
« nisme couvait les germes de la civilisation nouvelle, et que
« ces germes, se développant de plus en plus, sont venus
« spontanément à maturité dans le christianisme. N'avons-
« nous donc pas lu l'histoire, et ne savons-nous pas qu'elle
« dit précisément le contraire? *De mal en pis*, voilà le spec-
« tacle de l'antiquité païenne, et c'est aussi le spectacle de la
« philosophie antique. Croyez-vous qu'on allât du bien au
« mieux, du moins parfait au plus parfait? en aucune façon;
« les pires systèmes viennent les derniers, l'athéisme après
« le panthéisme, les épicuriens après les platoniciens, le
« scepticisme à la fin de tous, comme la nuit définitive.

« Et ici encore, l'histoire de la philosophie sert, en un point
« fort curieux, de contre-épreuve à l'histoire générale. La
« corruption du paganisme allait croissant, parce que la règle
« du vrai et l'impulsion du bien allaient de plus en plus
« s'obscurcissant et s'affaiblissant. Cependant, comme les in-
« clinations généreuses de la nature et les restes des traditions
« sacrées vivaient encore, des réformes furent essayées de
« temps à autre, soit dans la société humaine, soit dans la

11

« science; mais ces tentatives furent de moins en moins effi-
« caces, celle des pythagoriciens moins que celle du brah-
« misme, et moins encore celle de Socrate, et moins encore
« celle de Cicéron. Tout au contraire, il y a progrès et perfec-
« tionnement dans le monde chrétien, parce que la règle du
« vrai et l'impulsion du bien n'y font jamais défaut; et d'autre
« part, comme ni les instincts mauvais, la sensualité, l'orgueil,
« ni les restes des traditions païennes n'ont disparu, de temps
« en temps il se fait, dans la société comme dans la science,
« des essais de retour au paganisme. Mais ces tentatives, de
« plus en plus malfaisantes, il est vrai, parce qu'elles s'en-
« foncent de plus en plus dans la négation raffinée, ainsi qu'il
« arrive aujourd'hui au rationalisme, deviennent cependant
« l'occasion d'un bien plus grand, parce que le bien conquis
« se mesure au prix qu'a coûté la victoire.
« De tous ces faits, car ce sont des faits et rien autre chose,
« nous concluons l'accord de la science avec le christianisme,
« comme du christianisme avec la civilisation. Nous retrou-
« vons dans l'histoire de la philosophie l'application des lois
« de l'histoire générale; et nous nous rendons compte de cet
« autre fait visible à tous et contre lequel il n'est pas pos-
« sible d'argumenter, que sur notre globe les limites de la
« civilisation sont aujourd'hui les mêmes que celles du chris-
« tianisme, et que celle-là s'arrête où celui-ci n'a pas pé-
« nétré. »

NOTE V.

Paroles de M. Guizot dans une assemblée religieuse :

« Quelle est, messieurs, au fond et religieusement parlant,
« quelle est la grande question, la question suprême qui pré-
« occupe aujourd'hui les esprits? C'est la question posée entre
« ceux qui reconnaissent et ceux qui ne reconnaissent pas un
« ordre surnaturel, certain et souverain, quoique impénétrable
« à la raison humaine, la question posée entre le *supernatu-*
« *ralisme* et le *rationalisme*. D'un côté, les incrédules, les pau-

« théistes, les sceptiques de toute sorte, les purs rationalistes ;
« de l'autre, les chrétiens.

« Parmi les premiers, les meilleurs laissent subsister dans
« le monde et dans l'âme humaine la statue de Dieu, s'il est
« permis de se servir d'une telle expression, mais la statue
« seulement, une image, un marbre ; Dieu lui-même n'y est
« plus. Les chrétiens seuls ont le Dieu vivant. — C'est du
« Dieu vivant, messieurs, que nous avons besoin. Il faut,
« pour notre salut présent et futur, que la foi dans l'ordre
« surnaturel, que le respect et la soumission à l'ordre surna-
« turel rentrent dans le monde et dans l'âme humaine, dans
« les grands esprits comme dans les esprits simples, dans les
« régions les plus élevées comme dans les plus humbles.
« L'influence réelle, vraiment efficace et régénératrice des
« croyances religieuses est à cette condition Hors de là, elles
« sont superficielles et bien près d'être vaines. »

(Paroles citées par M. Blot-Lequesne, *De l'autorité*,
Paris, Dentu, 1855, p. 12.)

NOTE VI.

Extrait d'une lettre de Mirès à Rothschild.

La Révolution, produite par de longs abus, appelait une
réforme. Cette réforme pouvait être opérée sans guerre sociale,
pacifiquement et avec une bien autre solidité, sous une autorité archiséculaire, reconnue, acceptée, et dont la forme s'a-
daptait aux mœurs de la nation française. — On a procédé
par la force brutale, et les conséquences en sont connues. ..
La plus positive des conquêtes révolutionnaires, dont il sera
difficile de tirer bon parti, c'est la substitution générale du
régime de la force au régime du droit.

Mirès.

(*Presse* du 13 mai 1867.)

NOTE VII.

PIÈCES JUSTIFICATIVES DE LA CONJURATION DE BABEUF.

Manifeste des Égaux.

Égalité de fait, dernier but de l'art social.
(CONDORCET.)

PEUPLE DE FRANCE,

Pendant quinze siècles tu as vécu esclave, et par conséquent malheureux. Depuis six années tu respires à peine, dans l'attente de l'indépendance, du bonheur et de l'égalité.

L'égalité, premier vœu de la nature, premier besoin de l'homme et principal nœud de toute association légitime; peuple de France, tu n'as pas été plus favorisé que les autres nations qui végètent sous ce globe infortuné. Toujours et partout la pauvre espèce humaine, livrée à des antropophages plus ou moins adroits, servit de jouet à toutes les ambitions, de pâture à toutes les tyrannies. Toujours et partout on berça les hommes de belles paroles; jamais et nulle part ils n'ont obtenu la chose avec le mot. De temps immémorial on nous répète, avec hypocrisie : Les hommes sont égaux; et de temps immémorial la plus avilissante comme la plus monstrueuse inégalité pèse insolemment sur le genre humain..........
....

Nous sommes tous égaux, n'est-ce pas? ce principe demeure incontesté, parce qu'à moins d'être atteint de folie, on ne saurait dire sérieusement qu'il fait nuit quand il fait jour.

Eh bien! nous prétendons désormais vivre et mourir égaux comme nous sommes nés; nous voulons l'égalité réelle ou la mort; voilà ce qu'il nous faut.

Et nous l'aurons, l'égalité réelle, n'importe à quel prix. Malheur à ceux que nous rencontrerons entre elle et nous! malheur à qui ferait résistance à un vœu aussi prononcé!

La Révolution française n'est que l'avant-courrière d'une autre révolution bien plus grande, bien plus solennelle, et qui sera la dernière.

Le peuple a marché sur le corps aux rois et aux prêtres coalisés contre lui ; il en fera de même aux nouveaux tyrans, aux nouveaux tartufes politiques, assis à la place des anciens....

....

Législateurs et gouvernants, qui n'avez pas plus de génie que de bonne foi, propriétaires riches et sans entrailles, en vain essayez-vous de neutraliser cette sainte entreprise en disant : Ils ne font que reproduire cette loi agraire demandée plus d'une fois avant eux.

Calomniateurs, taisez-vous à votre tour, et, dans le silence de la confusion, écoutez nos prétentions dictées par la nature et basées sur la justice.

La loi agraire ou partage des campagnes fut le vœu instantané de quelques soldats sans principes, de quelques peuplades mues par leur instinct plutôt que par la raison. Nous tenons à quelque chose de plus sublime et de plus équitable : *le bien commun ou la communauté de biens.* Plus de propriété individuelle des terres ; *la terre n'est à personne.* Nous réclamons, nous voulons la jouissance communale des fruits de la terre : *les fruits sont à tout le monde.*

Nous déclarons ne pouvoir souffrir davantage que la très grande majorité des hommes travaille et sue au service et sous le bon plaisir de l'extrême minorité.

Assez et trop longtemps moins d'un million d'individus disposa de ce qui appartient à plus de vingt millions de leurs semblables, de leurs égaux.

Qu'il cesse enfin ce grand scandale que nos neveux ne voudront pas croire ! Disparaissez enfin, révoltantes distinctions de riches et de pauvres, de grands et de petits, de maîtres et de valets, de gouvernants et de gouvernés.

Qu'il ne soit plus d'autre différence parmi les hommes que celles de l'âge et du sexe. Puisque tous ont les mêmes facultés, les mêmes besoins, qu'il n'y ait plus pour eux qu'une seule éducation, *une seule nourriture.* Ils se contentent d'un seul soleil et d'un air pour tous : *pourquoi la même portion et la même qualité d'aliments ne suffiraient-ils pas pour chacun d'eux?....*

....

Le moment des grandes mesures est arrivé. Le mal est arrivé à son comble ; il couvre la surface du globe. Le chaos, sous le nom de politique, y règne depuis trop de siècles. Que tout rentre dans l'ordre et reprenne sa place A la voix de l'égalité, que les éléments de la justice et du bonheur s'organisent, l'instant est venu de fonder la *République des Égaux*, ce grand hospice ouvert à tous les hommes. *Les jours de restitution générale sont arrivés*. Familles gémissantes, venez vous asseoir à la table commune dressée par la nature pour tous ses enfants.

Peuple de France,

La plus pure de toutes les gloires t'était donc réservée ! Oui. c'est toi qui le premier dois offrir au monde ce touchant spectacle.

D'anciennes habitudes, d'antiques préventions voudront de nouveau faire obstacle à l'établissement de la république des égaux. L'organisation de l'égalité réelle, la seule qui réponde à tous les besoins, sans faire de victimes, sans coûter de sacrifices, no plaira peut-être point à tout le monde. L'égoïste, l'ambitieux frémira de rage. Ceux qui possèdent injustement crieront à l'injustice. Les jouissances exclusives, les plaisirs solitaires, les aisances personnelles causeront de vifs regrets à quelques individus blasés sur les peines d'autrui. Les amants du pouvoir absolu, les vils suppôts de l'autorité arbitraire, ployeront avec peine leurs chefs superbes sous le niveau de l'égalité réelle...

Peuple de France,

A quel signe dois-tu désormais reconnaître l'excellence d'une constitution ?... Celle qui tout entière repose sur l'égalité de fait est la seule qui puisse convenir et satisfaire à tes vœux

Les chartes aristocratiques de 1791 et 1795 rivaient les fers au lieu de les briser, celle de 1793 était un grand pas de fait vers l'égalité réelle, on n'en avait pas encore approché de si près, mais elle ne touchait point le but et n'abordait point le bonheur commun dont pourtant elle consacrait solennellement le grand principe.

Peuple de France,

Ouvre les yeux et ton cœur à la plénitude de la félicité : reconnais et proclame avec nous la république des égaux.

Nous ne pourrons pas faire suivre ce document, déjà un peu long, de toutes les pièces du dossier, mais voici pour les moyens d'exécution :

LE COMITÉ INSURRECTEUR DE SALUT PUBLIC,
AU PEUPLE.

ACTE D'INSURRECTION.

LIBERTÉ !   ÉGALITÉ !
BONHEUR COMMUN !

Des démocrates français, considérant que l'oppression et la misère du peuple sont à leur comble; que cet état de tyrannie et de malheur est le fait du gouvernement actuel;
Considérant, etc....

ARTICLE PREMIER. Le peuple est en insurrection contre la tyrannie.

ART. 2. Le but de l'insurrection est le rétablissement de la constitution de 93, de la liberté, de l'égalité et du bonheur commun.

ART. 3. Aujourd'huy, dès l'heure même, les citoyens et les citoyennes partiront de tous les points, en désordre et sans attendre le mouvement des quartiers voisins qu'ils feront marcher avec eux. Ils se rallieront au son du tocsin et des trompettes sous la conduite des patriotes auxquelles le comité insurrecteur aura confié des guidons portant l'inscription suivante :

LIBERTÉ ! ·   ÉGALITÉ !
BONHEUR COMMUN !

D'autres guidons portant ces mots :

« Quand le gouvernement viole les droits du peuple, l'*insurrection est* pour le peuple et pour chaque portion du peuple *le plus sacré des droits et le plus indispensable des devoirs.*

« Ceux qui usurpent la souveraineté devront être mis à mort par les hommes libres. »

Les généraux du peuple seront distingués par des rubans tricolores flottant très visiblement autour de leurs chapeaux.

Art. 4. Tous les citoyens se rendront avec leurs armes, ou, à défaut d'armes, avec tous les instruments offensifs, sous la seule direction des patriotes ci-dessus, au chef-lieu de leurs arrondissements respectifs.

Art 5. Les armes de toute espèce seront enlevées par les insurgés partout où elles se trouveront.

Art. 6. Les barrières et le cours de la rivière seront rigoureusement gardés : nul ne pourra sortir de Paris sans un ordre formel et spécial du comité insurrecteur ; il n'entrera que les courriers, les porteurs et conducteurs de comestibles, auxquels il sera donné protection et sûreté.

Art. 7. Le peuple s'emparera de la trésorerie nationale, de la poste aux lettres, des maisons des ministres, et de tout magasin public ou privé contenant des vivres ou des munitions de guerre.

Art. 8. Le comité insurrecteur donne aux légions sacrées des camps des environs de Paris qui ont juré de mourir pour l'égalité, l'ordre de soutenir partout les efforts du peuple.

Art. 9. Les patriotes des départements réfugiés à Paris et les braves officiers destitués sont appelés à se distinguer dans cette lutte sacrée.

Art. 10. Les deux conseils et le directoire, usurpateurs de l'autorité populaire, seront dissous. Tous les membres qui le composent seront immédiatement jugés par le peuple.

Art. 11. Tout pouvoir cessant devant celui du peuple, nul prétendu député, membre de l'autorité usurpatrice, ou quelque fonctionnaire public que ce soit, ne pourront exercer aucun acte d'autorité, ni donner aucun ordre ; ceux qui y contreviendront seront à l'instant mis à mort

Tout membre du prétendu corps législatif ou directeur, trouvé dans les rues, sera arrêté et conduit sur-le-champ à son poste ordinaire.

Art. 12. Toute opposition sera vaincue sur-le-champ par la force. Les opposants seront extraminés.

Seront également mis à mort :

Ceux qui battront ou feront battre la générale.

Les étrangers, de quelque nation qu'ils soient, qui seront trouvés dans les rues.

Tous les présidents, secrétaires et commandants de la conspiration royale de vendémiaire qui oseraient aussi se mettre en évidence.

Art. 13. Il est ordonné à tous les envoyés des puissances étrangères de rester dans leurs domiciles devant l'insurrection; ils sont sous la sauvegaide du peuple.

Art. 14. Des vivres de toute espèce seront portés au peuple sur les places publiques.

Art. 15. Tous les boulangers seront mis en réquisition pour faire constamment du pain qui sera distribué gratis au peuple. Ils seront payés sur leur déclaration

Art. 16. Le peuple ne prendra de repos qu'après la destruction du gouvernement tyrannique.

Art. 17. Tous les biens des émigrés, des conspirateurs et de tous les ennemis du peuple seront distribués sans délai aux défenseurs de la patrie Les malheureux de toute la république seront immédiatement meublés et logés dans les maisons des conspirateurs

Les effets appartenant au peuple, déposés au mont-de-piété, seront sur-le-champ gratuitement rendus.

Le peuple français adopte les épouses et les enfants des braves qui auront succombé dans cette sainte entreprise ; il les nourrira et les entretiendra. Il en sera de même à l'égard des père, mère, frères et sœurs à l'existence desquels ils étaient nécessaires.

Art. 18. Les propriétés publiques et particulières sont mises sous la sauvegarde du peuple.

Art. 19. Le soin de terminer la révolution sera confié à une assemblée nationale composée d'un démocrate par département, nommé par le peuple insurgé sur la présentation du comité insurrecteur

Art. 20. Le comité insurrecteur restera en permanence jusqu'après l'accomplissement total de l'insurrection

LIBERTÉ !　　　　ÉGALITÉ !

BONHEUR COMMUN !

Le directoire insurrecteur,

Considérant que le peuple a été bercé de vaines promesses et qu'il est temps de pourvoir à son bonheur,

Arrête ce qui suit :

ARTICLE PREMIER. A la fin de l'insurrection, les citoyens pauvres qui sont actuellement mal logés ne rentreront pas dans leurs demeures ordinaires; ils seront immédiatement installés dans les maisons des conspirateurs.

ART. 2. On prendra chez les riches ci-dessus les meubles nécessaires pour meubler avec aisance les sans-culottes.

Voici maintenant quelques-uns des décrets préparés pour introduire dans la société les réformes que l'on rêvait; nous les copions dans l'ouvrage de M. Louis Reybaud, membre de l'Institut, sur *les réformateurs ou socialistes modernes.*

DÉCRET ÉCONOMIQUE.

ARTICLE PREMIER. Il sera établi dans la république une grande communauté nationale.

ART 2. La communauté nationale a la propriété des biens ci-dessous, savoir :

Les biens qui étant déclarés nationaux n'étaient pas vendus au 9 thermidor de l'an II;

Les biens des ennemis de la Révolution dont les décrets des 8 et 13 ventôse de l'an II avaient investi les malheureux;

Les biens échus ou à échoir par suite des condamnations judiciaires ;

Les édifices actuellement occupés par le service public ;

Les biens dont les communes jouissaient avant la loi du 19 juin 1793;

Les biens affectés aux hospices et aux établissements d'instruction publique ;

Les biens de ceux qui en feront abandon à la république ;

Les biens usurpés par ceux qui se seront enrichis dans l'exercice des fonctions publiques ;

Les biens dont les propriétaires négligent la culture

ART. 3. Le droit de succession ab intestat ou par testament est aboli; tous les biens actuellement possédés par des particuliers écherront, à leur décès, à la communauté nationale.

ART. 4. Seront considérés comme possesseurs actuels, les enfants d'un père aujourd'huy vivant qui ne sont pas appelés par la loi à faire partie des armées

ART. 5. Le Français de l'un et de l'autre sexe qui fait abandon à la patrie de tous ses biens et lui consacre sa personne et le travail dont il est capable, est membre de la grande communauté nationale.

ART. 6. Les vieillards qui ont atteint leur soixantième année et les infirmes, s'ils sont pauvres, sont de droit membres de la communauté nationale.

ART. 7. Sont également membres de cette communauté, les jeunes gens élevés dans les maisons nationales d'éducation

ART. 8. Les biens de la communauté nationale sont exploités en commun par tous ses membres valides.

ART. 9. La grande communauté nationale entretient tous ses membres dans une égale et honnête médiocrité, elle leur fournit ce dont ils ont besoin

ART. 10. La république invite les bons citoyens à aider au succès de la réforme par un abandon volontaire de leurs biens à la communauté.

ART. 11. A dater du.. nul ne pourra être fonctionnaire civil ou militaire, s'il n'est pas membre de la communauté

ART. 12. La grande communauté nationale est administrée par des magistrats locaux au choix de ses membres, d'après les lois et sous la direction de l'administration suprême.

DES TRAVAUX COMMUNS.

ARTICLE PREMIER. Tout membre de la communauté lui doit le travail de l'agriculture et des arts utiles dont il est capable.

ART. 2. Sont exceptés les vieillards âgés de soixante ans et les infirmes.

ART. 3. Les citoyens qui, par l'abandon volontaire de leurs biens, deviendraient membres de la communauté nationale, ne seront soumis à aucun travail pénible, s'ils ont atteint leur quarantième année, et s'ils n'exerçaient pas un art mécanique avant la publication de ce décret

ART. 4. Dans chaque commune, les citoyens seront distribués par classes : il y aura autant de classes que d'arts utiles ;

chaque classe est composée de tous ceux qui professent le même art

ART. 5. Il y a auprès de chaque classe des magistrats nommés par ceux qui la composent : ces magistrats dirigent les travaux, veillent sur leur égale répartition, exécutent les ordres de l'administration municipale, et donnent l'exemple du zèle et de l'activité.

ART. 6. La loi détermine pour chaque saison la durée journalière des travaux

ART. 7. Il y a auprès de chaque administration municipale un conseil de vieillards délégués par chaque classe de travailleurs : ce conseil éclaire l'administration, surtout en ce qui concerne la distribution, l'adoucissement et l'amélioration des travaux

ART. 8. L'administration appliquera aux travaux de la communauté l'usage des machines et procédés propres à diminuer la peine des hommes

ART. 9. L'administration municipale a constamment sous les yeux l'état des travailleurs de chaque classe, et celui de la tâche à laquelle ils sont soumis : elle en instruit régulièrement l'administration suprême

ART. 10. Le déplacement des travailleurs d'une commune à l'autre est ordonné par l'administration suprême, d'après les connaissances des forces et des besoins de la communauté.

ART. 11. L'administration suprême astreint à des travaux forcés, sous la surveillance des communes qu'elle désigne, les individus des deux sexes dont l'incivisme, l'oisiveté, le luxe et les dérèglements donnent à la société des exemples pernicieux. Leurs biens sont acquis à la communauté nationale.

ART. 12. Les magistrats de chaque classe font déposer dans les magasins de la communauté les fruits de la terre et les productions des arts susceptibles de conservation

ART. 13. Le recensement de ces objets est régulièrement communiqué à l'administration suprême.

ART. 14. Les magistrats attachés à la classe d'agriculture veillent à la propagation et à l'amélioration des animaux propres à la nourriture, à l'habillement, au transport et au soulagement des travaux des hommes.

DE LA DISTRIBUTION ET DE L'USAGE DES BIENS
DE LA COMMUNAUTÉ.

ARTICLE PREMIER. Nul membre de la communauté ne peut jouir que de ce que la loi lui donne par la tradition réelle du magistrat.

ART. 2. La communauté nationale ASSURE, dès ce moment, *à chacun de ses membres :*

Un logement sain, commode et proprement meublé ;

Des habillements de travail et de repos, de fil et de laine, *conformes au costume national ;*

Le blanchissage, l'éclairage et le chauffage ;

Une quantité suffisante d'aliments, en pain, viande, volaille, poisson, œufs, beurre ou huile ; vin ou autres boissons usitées dans les différentes régions ; légumes, fruits, assaisonnements et autres objets, dont la réunion constitue une médiocre et *frugale aisance ;*

Les secours de l'art de guérir.

ART. 3. Il y a dans chaque commune, à des époques déterminées, *des repas communs* auxquels les membres de la communauté sont tenus d'assister.

ART. 4. L'entretien des fonctionnaires publics et des militaires est égal à celui des membres de la communauté nationale.

ART. 5. Tout membre de la communauté qui reçoit un salaire ou conserve de la monnaie est puni.

ART. 6. Les membres de la communauté ne peuvent recevoir de ration commune que dans les arrondissements où ils sont domiciliés, *sauf les déplacements autorisés par l'administration.*

ART. 7. Le domicile des citoyens actuels est dans la commune où ils en jouissent à la publication du présent décret.

Celui des jeunes gens élevés dans les maisons nationales d'éducation est dans la commune de leur naissance.

ART. 8. Il y a dans chaque commune des magistrats chargés de distribuer à domicile, aux membres de la communauté, les productions de l'agriculture et des arts.

ART. 9. La loi détermine les règles de cette distribution.

DE L'ADMINISTRATION DE LA COMMUNAUTÉ NATIONALE.

ARTICLE PREMIER. La communauté nationale est sous la direction légale de l'administration suprême de l'État.

Art. 2. Sous le rapport de l'administration de la communauté, la république est divisée en régions.

Art. 3. Une région comprend tous les départements contigus dont les productions sont à peu près les mêmes.

Art. 4. Il y a dans chaque région une administration intermédiaire à laquelle les administrations départementales sont subordonnées.

Art. 5. Des lignes télégraphiques accélèrent la correspondance entre les administrations départementales et les administrations intermédiaires, entre celles-ci et l'administration suprême.

Art. 6. L'administration suprême détermine, d'après la loi, la nature et la quotité des distributions à faire aux membres de la communauté de chaque région.

Art. 7. D'après cette détermination, les administrations départementales font connaître aux administrations intermédiaires le déficit ou superflu des arrondissements respectifs

Art. 8. Les administrations intermédiaires comblent, si FAIRE SE PEUT, le déficit d'un département par le superflu d'un autre, ordonnent les versements et transports nécessaires, et rendent compte à l'administration suprême de leurs besoins ou de leur superflu.

Art. 9. L'administration suprême pourvoit aux besoins des régions qui manquent par le superflu des régions qui ont de trop, *ou par des échanges avec l'étranger.*

Art. 10. Avant tout, l'administration suprême fait prélever tous les ans et déposer dans les magasins militaires le dixième de toutes les récoltes de la communauté.

Art. 11. Elle pourvoit à ce que le superflu de la république soit conservé soigneusement pour les années de disette.

DU COMMERCE.

ARTICLE PREMIER. Tout commerce particulier avec les peuples étrangers est défendu ; les marchandises qui en proviendraient seront confisquées au profit de la communauté; les contrevenants seront punis.

Art. 2. La république procure à la communauté les objets dont elle manque, en échange de son superflu en productions de l'agriculture et des arts contre celui des peuples étrangers.

Art. 3. A cet effet, des entrepôts commodes sont établis sur les frontières de terre et de mer.

Art. 4. L'administration suprême traite avec l'étranger au moyen de ses agents; elle fait déposer le superflu qu'elle veut échanger dans les entrepôts où elle reçoit les objets convenus.

Art. 5. Les agents de l'administration suprême, dans les entrepôts de commerce, seront souvent changés; les prévaricateurs seront sévèrement punis.

DES TRANSPORTS.

ARTICLE PREMIER. Il y a dans chaque commune des magistrats chargés de diriger les transports des biens communs d'une commune à l'autre.

Art. 2. Chaque commune est pourvue de moyens suffisants de transport, soit par terre, soit par mer.

Art. 3. Les membres de la communauté sont appelés à tour de rôle à conduire, à surveiller les objets transportés d'une commune à l'autre

Art. 4. Tous les ans, les administrateurs intermédiaires chargent un certain nombre de jeunes gens, pris dans les départements qui leur sont subordonnés, des transports les plus éloignés.

Art. 5. Les citoyens chargés d'un transport quelconque sont entretenus dans la commune où ils se trouvent.

DES CONTRIBUTIONS.

ARTICLE PREMIER. Les individus non participant à la communauté sont les seuls contribuables.

Art. 2. Ils doivent les contributions précédemment établies.

Art. 3. Les contributions seront perçues en nature et versées dans les magasins de la communauté nationale.

Art. 4. Le total des cotes des contribuables, *pour l'année courante, est double de celui de l'année dernière.*

Art. 5. Ce total sera réparti par département, progressivement sur tous les contribuables.

Art. 6. Les non-participants peuvent être requis, en cas de besoin, de verser dans les magasins de la communauté nationale, et à valoir sur les contributions à venir, leur superflu en denrées et autres objets manufacturés.

DES DETTES.

ARTICLE PREMIER. La dette nationale est éteinte pour tous les Français.

ART. 2. La république remboursera aux étrangers le capital des rentes perpétuelles qu'elle leur doit. En attendant, elle sert ces rentes, ainsi que les rentes viagères constituées sur des terres étrangères.

ART. 3. Les dettes de tout Français qui devient membre de la communauté nationale, envers un autre Français, sont éteintes.

ART. 4. La république se charge des dettes des membres de la communauté envers des étrangers

ART. 5. Toute fraude, à cet égard, est punie de l'esclavage perpétuel.

DES MONNAIES.

ARTICLE PREMIER. La république ne fabrique plus de monnaies.

ART. 2. Les matières monnayées qui écherront à la communauté nationale seront employées à acheter des peuples étrangers les objets dont elle aura besoin.

ART. 3. Tout individu, non participant à la communauté, qui sera convaincu d'avoir offert des matières monnayées à un de ses membres, sera sévèrement puni.

ART. 4. Il ne sera plus introduit dans la république ni or, ni argent.

NOTE VIII.

Le constituant Mounier, *qui déclare avoir lui-même provoqué le serment du Jeu de Paume,* ayant plus tard à le juger, ne le juge pas autrement que nous :

« Qu'était-ce qu'un député? demande-t-il. L'envoyé d'une « assemblée de bailliage. Pourquoi était-il envoyé? Pour as- « sister aux États généraux, en vertu des convocations du roi. « Or, un mandataire qui, après avoir accepté un mandat, agit « d'une manière contraire aux pouvoirs qu'il a reçus, *trahit ses*

« *enyagements;* et s'il en a juré l'observation, *il n'est point*
« *d'homme d'honneur qui ne le flétrisse comme un parjure....*

« Ce fatal serment ÉTAIT UN ATTENTAT CONTRE LES DROITS
« DU MONARQUE...., Combien je me reproche aujourd'hui de
« l'avoir proposé !.... »

> (*Recherches sur les causes qui ont empêché les Français
> d'être libres.* Mounier, t. Ier, p. 148 et 296.)

NOTE IX.

Fourier rêvait sûrement quand il écrivait sa
Théorie des quatre mouvements et son *Traité de l'association domestique agricole.* On sait que, sous la loi
d'attraction passionnelle, les mortels doivent s'asso-
cier par *groupes,* les groupes par *séries,* et les séries
par *phalanges.*

Le *groupe* se compose de 7 à 9 personnes; la *série*
comprend de 26 à 32 groupes. La *phalange,* qui
réunit environ 1,800 personnes, a pour habitation
un phalanstère. Voici sa définition de la série re-
produite par son disciple V. Considérant dans ses
Destinées sociales :

« Une série se compose de personnes inégales en tout sens,
« âges, fortunes, caractères, lumières, etc., etc., formant con-
« traste et gradation d'inégalités. Plus les inégalités sont gra-
« duées et contrastées, plus la série s'enchaîne au travail, pro-
« duit de bénéfices et offre d'harmonie sociale. On la divise en
« divers groupes dont l'ordonnance est la même que celle d'une
« armée. Pour en donner le tableau, je vais supposer une masse
« d'environ six cents personnes, moitié hommes et moitié
« femmes, tous passionnés pour une même branche d'indus-
« trie, comme une culture de fleurs ou de fruits Soit la série
« de la culture des poiriers : on subdivisera ces six cents

12

« personnes en groupes qui se voueront à cultiver une ou
« deux espèces de poiriers. Ainsi on verra un groupe des sec-
« taires du beurré, un des sectaires du rousselet, etc. Et lors-
« que chacun se sera enrôlé dans les groupes de ses poiriers
« favoris (on peut être membre de plusieurs), il pourra se
« trouver une trentaine de groupes qui se distingueront par
« leurs bannières et ornements et se formeront en trois, ou
« cinq, ou sept divisions, par exemple :

SÉRIE DE LA CULTURE DES POIRIERS,

COMPOSÉE DE 32 GROUPES.

Division.	Progression numérique.	Genre de culture.
1 *Avant-poste*,	2 groupes.	Coings et sortes bâtardes dures.
2 Aileron ascendant,	4 —	Poires dures à cuire.
3 Aile ascendante,	6 —	Poires cassantes.
4 CENTRE DE SÉRIE,	8 —	Poires fondantes.
5 Aile descendante,	6 —	Poires compactes.
6 Aileron descendant,	4 —	Poires farineuses.
7 *Arrière-poste*,	2 —	Nèfles et sortes bâtardes molles.

« Il n'importe que la série soit composée d'hommes, ou de
« femmes, ou d'enfants, ou mi-partie, la disposition est toujours
« la même. La *série* prendra à *peu près* cette distribution, soit
« pour le nombre des groupes, soit pour la distribution des tra-
« vaux. Plus elle approchera de cette régularité en gradation
« et en dégradation, mieux elle s'harmonisera et s'entraînera
« au travail. Si la série est formée régulièrement comme celle
« que je viens de citer, on verra des alliances entre les divi-
« sions correspondantes. Ainsi l'aile ascendante et l'aile des-
« cendante s'allieront contre le centre *de série* et s'entendront
« pour faire valoir leur production aux dépens de celle du
« centre : les deux ailerons seront alliés entre eux et ligués
« avec le centre pour lutter avec les deux ailes. Il résultera de
« ce mécanisme que chacun des groupes produira à l'envi des
« fruits magnifiques. Les mêmes rivalités et alliances se pro-
« duisent entre les divers groupes d'une division.... Viennent
« ensuite les intrigues de série à série et de canton à canton
« qui s'organisent de la même manière. On conçoit que la série
« des poiriers sera fortement rivale de la série des pommiers ;
« mais elle s'alliera avec la série des cerisiers, ces deux es-

« pèces d'arbres n'offrant aucun rapprochement qui puisse
« exciter la jalousie entre les cultivateurs respectifs.

. . . .

« J'ai dit que les séries ne peuvent pas toujours se classer
« aussi régulièrement que je viens de l'indiquer; mais on ap-
« proche autant qu'on le peut de cette méthode, qui est l'ordre
« naturel et qui est la plus efficace pour exalter les passions,
« les contrebalancer et les entraîner au travail. L'industrie
« devient un divertissement aussitôt que les industrieux sont
« formés en séries progressives. Ils travaillent alors moins par
« appât du gain que par effet de l'émulation et des autres véhi-
« cules inhérents à l'esprit de série. »

Voici maintenant l'*esprit de série* appliqué à la famille et au mariage :

« La liberté amoureuse commence à naître, et transforme en
« vertu la plupart de nos vices, comme elle transforme en
« vices la plupart de nos gentillesses. On en établit divers
« grades dans les unions amoureuses. Les trois principaux
« sont :
« *Les favoris et favorites en titre ;*
« *Les géniteurs et les génitrices ;*
« *Les époux et les épouses.*
« Les derniers doivent avoir au moins deux enfants l'un de
« l'autre, les seconds n'en ont qu'un, les premiers n'en ont pas.
« Ces titres donnent aux conjoints des droits progressifs sur
« une portion de l'héritage respectif. Une femme peut avoir à
« la fois :
« 1° Un époux dont elle a deux enfants ;
« 2° Un géniteur dont elle n'a qu'un enfant ;
« 3° Un favori qui a vécu avec elle et conserve le titre.
« Plus de simples possesseurs qui ne sont rien devant la loi.
« Cette gradation de titres établit une grande courtoisie et une
« grande fidélité aux engagements. Une femme peut refuser le
« titre de géniteur à son favori dont elle est enceinte ; elle peut
« ainsi, dans un cas de mécontentement, refuser à ses divers
« hommes le titre supérieur auquel ils aspirent. Les hommes
« en agissent de même avec leurs diverses femmes Cette mé-

« thode prévient complétement l'hypocrisie dont le mariage est
« la source. En civilisation l'on obtient tous les droits à perpé-
« tuité, dès que le lien fatal est formé. De là vient que la plu-
« part des époux et des épouses se plaignent au bout de quelque
« temps d'avoir été *attrapés*, et ils demeurent attrapés pour la
« vie. Ces attrapés n'existent pas dans le ménage progressif. Les
« groupes ne s'avancent en grades amoureux qu'avec le temps ;
« ils n'ont au début d'autre titre que ceux de favoris et de
« favorites, dont les droits sont faibles et peuvent être révo-
« qués par l'inconvenance des contractants. L'homme qui désire
« avoir un enfant, ne risque pas d'en être privé par la stérilité
« d'une femme exclusive. La femme ne risque point d'être
« malheureuse à perpétuité par l'hypocrisie d'un époux qui, le
« le lendemain du mariage, se démasque pour joueur, ou bru-
« tal, ou jaloux. Enfin, les titres conjugaux ne s'acquièrent
« que sur des épreuves suffisantes, et n'étant pas exclusifs, ils
« ne deviennent pour les conjoints que des appâts de courtoi-
« sie, et non des moyens de persécution. »

(*Théorie des quatre mouvements,* p. 169 et 170.)

Et ce n'est certainement pas là ce qu'il y a de
plus fantastique dans Ch. Fourier.

Mais il faut étudier tous les *réformateurs ou socialistes modernes* dans l'ouvrage que leur a consacré
M. Louis Reybaud, de l'Institut, en deux volumes,
Paris, 1849, chez Guillaumin et Cⁱᵉ. On verra jusqu'à
quel point l'imagination se substituait chez eux à
l'observation.

NOTE X.

*Extrait de l'Union du 23 mars 1868, correspondance
de Saint-Pétersbourg.*

Voilà la question religieuse qui commence à se poser au premier plan.

« En réalité, s'écrie M. Katkof, qu'il faut toujours citer,
« l'émancipation de l'Église est maintenant chez nous de toute
« nécessité. Notre Église ne peut plus exister aux mêmes con-
« ditions : il faut qu'elle soit une Église et qu'elle cesse d'être
« un bureau de police. S'imaginer qu'une Église ne s'appuyant
« que sur la force brutale puisse conserver son caractère essen-
« tiel est une grave erreur. »

Il y a une dizaine d'années, des patriotes catholiques ont
émis ces pensées. Un prêtre russe a même dit : « A présent
que les paysans sont émancipés, l'heure de notre affranchissement doit sonner. » On a crié au scandale, à la calomnie, à la
trahison, et voilà aujourd'hui nos adversaires qui viennent répéter littéralement la même chose et font même de leur Église
une peinture bien plus sombre que n'a jamais osé le faire le
P. Gagarin.,..

NOTE XI.

Agriculturæ non student;.... neque quisquam agri modum
certum, aut fines proprios habet; sed magistratus ac principes,
in annos singulos gentibus cognatibusque hominum qui una
coierint, quantum et quo loco visum est, agri attribuunt, atque
anno post alio transire cogunt. Ejus rei multas afferunt cau-
sas; ne assidua consuetudine capti, studium belligerendi agri-
cultura commutent;.... ne...., etc.

(Commentaires de César, liv. VI.)

C'est justement l'état dans lequel se trouvent, de
nos jours, les Arabes de l'Algérie; le terrain *arch*
appartient à la tribu, et le caïd attribue chaque
année aux fellahs un *djabda;* c'est, du reste, ce qui
a existé partout dans l'origine, jusqu'à ce que le travail accumulé dans la terre soit venu créer le capital
immobilier et, par suite, la rente foncière. (Voir

dans le *Journal des économistes,* juin et juillet 1870, une étude très remarquable sur *la production agricole, la rente et la valeur du sol,* par P.-C. Dubost, professeur d'économie rurale à Grignon.)

NOTE XII.

Quand des libéraux à la fois instruits et doués d'un peu de bonne foi ont à juger nos institutions du passé, voici ce qu'ils en disent :

I. — Augustin Thierry, parlant des discours de Mirabeau aux États de Provence, écrivait en 1820 :

« Il y atteste avec chaleur le nom de la nation provençale,
« les libertés de la terre de Provence, les droits des communes
« de Provence : ces formules, dont notre langue est depuis
« si longtemps déshabituée, semblent, au premier abord,
« n'être que des fictions oratoires : et tel doit être notre senti-
« ment involontaire à nous Français qui, depuis trente ans,
« ne connaissons plus de droits que les droits déclarés à Paris,
« de libertés que les libertés sanctionnées à Paris, de lois que
« les lois faites à Paris. Pourtant ce n'étaient point alors (sous
« l'ancienne monarchie) des mots vides de sens ; alors, le pa-
« triotisme français se redoublait, en effet, dans un patriotisme
« local qui avait ses souvenirs, son intérêt et sa gloire. On
« comptait réellement des nations au sein de la nation fran-
« çaise : il y avait la nation bretonne, la nation normande, la
« nation béarnaise, les nations de Bourgogne, d'Aquitaine, de
« Languedoc, de Franche-Comté, d'Alsace. Ces nations distin-
« guaient, sans la séparer, leur existence individuelle de la
« grande existence commune.... Ces droits, trente ans n'ont
« pu les prescrire ; il s'agit de les revendiquer comme un dé-
« pôt aliéné et qui ne peut être retenu sans fraude.... C'est le
« devoir des journaux libres des provinces de rappeler à leurs
« concitoyens qu'ils ont de pareilles réclamations à faire.... en

« *attestant ce qui fut, de temps immémorial, enraciné à la terre*
« *de France, les franchises des villes et des provinces;* en tirant
« de la poussière les vieux titres de nos libertés locales, en
« représentant ces titres aux yeux des patriotes qui ne les
« connaissent plus…. Ne craignons point de mettre au jour
« les vieilles histoires de notre patrie : LA LIBERTÉ N'Y EST
« PAS NÉE D'HIER. Ne craignons pas de rougir en regardant
« nos pères ; leurs temps furent difficiles, mais leurs âmes
« n'étaient point lâches. N'autorisons pas les soutiens de l'op-
« pression à se vanter que quinze siècles de la France leur
« appartiennent sans réserve. HOMMES DE LA LIBERTÉ, NOUS
« AUSSI NOUS AVONS NOS AÏEUX. »

(Courrier français de 1820.)

II. — Et Thibeaudeau, l'historien républicain,
s'exprime ainsi sur les droits politiques dont jouissaient nos pères du XIIIᵉ au XVIIᵉ siècle :

« Depuis le plus petit village jusqu'à la capitale, tous les
« manants et habitants, de quelque état et condition qu'ils
« fussent, participaient à l'exercice des droits politiques. Ils
« avaient le droit de concourir directement à la rédaction des
« cahiers de doléances et remontrances, *c'est-à-dire d'exposer*
« *leurs vues et leurs opinions sur toutes les affaires de l'État.* Ils
« concouraient directement ou indirectement à l'élection des
« représentants de la nation, *c'était le suffrage libre universel*
« *avec plusieurs degrés.* On était électeur, éligible, sans condition
« de propriété, de cens, de capacité, en payant une contribu-
« tion quelconque comme pour être citoyen actif. Point de
« scrutin secret, toutes les élections se faisaient à haute voix.
« L'indemnité attribuée aux députés agrandissait le cercle des
« candidats. En acceptant leur mission, les députés *s'obligeaient*
« à présenter les cahiers de leurs commettants. Les pouvoirs
« mêmes ou mandats impératifs, malgré leur inconvénient,
« témoignaient *de la puissance du peuple et de sa liberté.* »

(Cité par G. Véran, Question du XIXᵉ siècle,
p. 348 et 349.)

NOTE XIII.

. . . .

Parmi ces illusions généreuses, celle qui a saisi notre race en 1789 est à la fois la plus complète, la plus légitime et la plus digne de la pitié de l'histoire. L'imagination peut à peine se représenter aujourd'hui la douceur décevante de cette belle aurore. Ceux que l'Évangile appelle les hommes de bonne volonté semblaient pour la première fois maîtres des choses de la terre. Un peuple doux et confiant, habitué depuis des siècles à souffrir avec patience, et attendant enfin de ses guides naturels le redressement de tous ses griefs, une classe moyenne, riche, éclairée, honnête, une noblesse qui mettait alors son orgueil à dédaigner ses priviléges, éprise de philosophie, ardente pour le bien public, un clergé pénétré d'idées libérales, un roi enfin aspirant à fonder l'ordre légal, à anéantir lui-même le pouvoir arbitraire et à mériter le beau titre, si éphémère sur sa tête, de restaurateur de la liberté française, quel spectacle était plus capable de ravir la pensée, et, si la fortune avait tenu ce qu'elle semblait alors promettre, quelle grandeur eût approché de celle de la France ! Qu'on se figure, s'il est possible, cette vieille et puissante nation, subitement rajeunie sous un souffle nouveau, réussissant, par le seul effort de la raison et des vertus publiques, par le concours volontaire de tous les gens de bien, à passer d'un despotisme séculaire à la liberté qui convient aux temps modernes, gardant la race illustre entre toutes de ses rois, et entourant enfin d'institutions sages ce trône antique, sorte de palladium de la race des Francs, associé dès le berceau à toutes nos vicissitudes, resplendissant de toutes nos gloires, à la fois l'instrument et le symbole de notre unité nationale ! Certes, aucune nation ne serait arrivée d'un seul coup à ce comble de grandeur et de bonheur, et aucune page comparable à celle-là n'eût jamais été écrite dans l'histoire du monde

C'est sans doute parce qu'une telle bonne fortune eût dépassé de trop haut le niveau ordinaire des choses humaines que la France a été précipitée de ses illusions d'alors dans un sanglant abîme, etc.

(*La France nouvelle*, par Prévost-Paradol.
p. 297, 298 et 299.)

NOTE XIV.

Discours par l'un de Messieurs les gentilshommes de Bordeaux, à l'assemblée de la noblesse de la sénéchaussée de Guienne, tenue chez les RR. PP. Jacobins de cette ville, le mardi 10 février 1789.

MESSIEURS,

Les États généraux du royaume seront incessamment assemblés, et l'Europe, qui nous contemple, va être à portée de juger si les Français sont enfin dignes de la liberté. La nation saura-t-elle mettre à profit une époque qui, peut-être, ne s'offrira plus, et ressaisir ses droits, en rétablissant son antique constitution sur une base désormais inébranlable?...

Pour parvenir à ce but désiré, il serait nécessaire que les trois ordres de l'État, animés de l'esprit de concorde, se convainquissent que leur intérêt commun, l'intérêt le plus pressant les sollicite de réunir tous leurs efforts contre la pente du gouvernement au pouvoir absolu, contre les progrès du despotisme. Il faudrait que les trois ordres, ralliés autour de la constitution, fixassent des limites à l'autorité qui, sans cesse, tend à s'accroître; il faudrait qu'ils élevassent un rempart, dorénavant inaccessible aux attentats ministériels.

Mais à quel ordre convient-il mieux de préparer, de rassembler les matériaux de ce monument sacré, qu'à la noblesse, dont l'énergique et loyale conduite fut si souvent la plus ferme sauvegarde de la liberté; et qui (entre autres exemples), aux États de 1560, ramena aux vrais principes constitutionnels le tiers et le clergé, séduits par les artifices de CATHERINE DE MÉDICIS, *en les menaçant de les dénoncer à la nation s'ils outrepassaient leurs pouvoirs.*

C'est à la noblesse, messieurs, qu'il appartient de faire éclore les germes de la félicité publique, en développant les maximes qui doivent servir de base à une constitution libre.

Faite pour servir de modèle en tout, la noblesse doit l'exemple de la prévoyance, de la fermeté, comme l'exemple de la valeur et du dévouement.

Les maximes dont il est question se réduisent à un certain nombre de points, lesquels pourraient former le sujet des divers articles des cahiers ou instructions pour les députés aux États généraux. Ce serait les éléments de notre droit public.

On va vous les présenter.

Si vous les adoptez, messieurs, vous nous autoriserez à les communiquer aux gentilshommes des différentes sénéchaussées de la province, à tous les corps de noblesse du royaume : et alors le vœu de la noblesse de la sénéchaussée de Guienne pourra devenir le vœu de l'ordre entier de la noblesse aux États généraux.

S'il le devient, on a droit de le présumer, l'ascendant d'un ordre aussi auguste entraînera les autres ordres : ses principes, ou plutôt les vôtres, messieurs, deviendront les principes des États, les principes nationaux.

Rendus publics, dès ce moment, par la voie de l'impression, il est vraisemblable qu'ils opéreraient le double effet, de répandre des idées extrêmement utiles, et de vous concilier le peuple, en dissipant les préventions qu'on lui a suggérées.

On verra qu'entièrement absorbés dans l'amour du bien général, vous écartez toutes les inspirations de l'intérêt particulier, pour ne vous occuper que du recouvrement des droits de la nation, du rétablissement de l'ordre, de la régénération de l'empire français.

Vous formerez, messieurs, une salutaire institution, qui ramènera les beaux jours de notre ancienne gloire. Vous ferez régner la paix et le bonheur, avec la justice et la liberté ; vous l'établirez cette liberté sur des fondements indestructibles. Vous rallumerez dans tous les cœurs les étincelles d'un feu qui ne s'éteindra plus.

J'aime à le penser : vous-mêmes sans doute, messieurs, vous vous complaisez à cette flatteuse idée.

Mais fussiez-vous (contre la vraisemblance) déçus dans votre espoir, vous ne devriez pas moins vous empresser de professer ouvertement ces généreuses maximes.

Elles portent l'empreinte des plus magnanimes sentiments. Elles respirent l'amour de la liberté, des lois et de la patrie. Elles sont, de tout point, dignes de vous.

Je ne vous répondrai pas du succès ; mais j'ose vous répondre de la récompense attachée à l'accomplissement des devoirs du

citoyen ; je vous garantis la gloire qui couronne le patriotisme.

*Canevas du mandat à donner aux députés aux États généraux,
ou bases préliminaires des instructions pour les représentants à
l'Assemblée nationale, adoptées par la noblesse de la sénéchaussée
de Guienne, en l'assemblée tenue au couvent des RR. PP. Jacobins de Bordeaux, mardi 10 février 1789.*

Nous, membres de la noblesse de la sénéchaussée de Guienne,
convaincus par une funeste expérience des dangers du gouvernement arbitraire, avons résolu d'employer tous nos efforts
pour rétablir l'ancienne constitution française, dans laquelle
le pouvoir du prince et les droits de la nation étaient balancés
par le plus juste équilibre ; où tous les citoyens étaient également protégés par la loi ; où les trois ordres, réunis par le lien
commun de l'intérêt général, conservaient entre eux une telle
parité d'influence qu'aucun ne pouvait être ni oppresseur ni
opprimé ; considérant que si la loyauté de nos braves ancêtres et leur généreuse confiance en les chefs de l'État ne leur
ont pas permis de se prémunir contre les effets d'une politique
artificieuse, qui a détruit, successivement, tous les monuments
de leur sagesse ; instruits par les cruelles suites de leur im-
prévoyance, nous nous devons à nous-mêmes, à notre postérité
d'élever, enfin, une barrière que le despotisme ne puisse
jamais franchir. En conséquence, nous enjoignons à nos
députés aux États généraux (et que, d'après les principes de
notre constitution, nous regardons comme *nos mandataires,
nos fondés de pouvoir, les organes de nos volontés*) d'insister de
tous leurs moyens pour que *les points suivants soient érigés en
lois fondamentales*, PRÉALABLEMENT *à toute autre délibération :*

1° Assurer la liberté individuelle par l'abolition de toutes
lettres closes, lettres d'exil, et autres espèces d'ordres arbitraires, etc.

2° Qu'il soit reconnu dans la forme la plus solennelle, par
un acte (1) authentique et permanent, que la nation seule a

---

(1) Cet acte ou charte pourrait être intitulé : DÉCLARATION *des
droits de la nation française.* Note de l'édit. (*sic* à l'original).

droit de s'imposer, c'est-à-dire d'accorder ou de refuser les subsides ; d'en regler l'étendue, l'emploi, l'assiette, la répartition, la durée ; d'ouvrir des emprunts, etc. ; et que toute autre manière d'imposer ou d'emprunter est illégale, inconstitutionnelle et de nul effet.

3° Fixer, irrévocablement, le retour périodique et régulier des États généraux au terme de quatre ans, au plus tard, pour prendre en considération l'état du royaume ; examiner la situation des finances, l'emploi des subsides accordés pendant la tenue précédente ; en décider la continuation ou la suppression, l'augmentation ou la diminution ; pour proposer, en outre, des réformes, des améliorations dans toutes les branches de l'économie politique. Et dans le cas où la convocation de l'Assemblée nationale n'aurait pas lieu après le délai fixé par la loi, autoriser les états particuliers à s'opposer à la levée des impôts, et même les cours souveraines à poursuivre comme concussionnaires tous ceux qui voudraient en continuer la perception.

4° Statuer que non-seulement aucune loi bursale, mais encore aucune loi générale et permanente quelconque, ne soit établie, à l'avenir, qu'au sein des États généraux, et par le concours mutuel de l'autorité du roi et du consentement de la nation ; que ces lois portant dans le préambule ces mots : *de l'avis et consentement des gens des trois-états du royaume,* etc. soient, pendant la tenue même de l'assemblée nationale, envoyées au Parlement de Paris, les princes et pairs y séant, et aux Parlements des provinces, pour y être inscrites sur leurs registres et placées sous la garde de ces cours souveraines, lesquelles ne pourront se permettre d'y faire aucune modification ; mais qui continueront comme ci-devant à être chargées de l'exécution des ordonnances du royaume ; du maintien de la constitution et des droits nationaux ; d'en rappeler les principes, par des remontrances au roi et des dénonciations à la nation, toutes les fois qu'elles jugeront que ces droits sont attaqués ou seulement menacés

5° Arrêter que les lois (autres que les lois générales et permanentes, ou les bursales), c'est-à-dire les simples lois d'administration et de police seront, pendant l'absence des États généraux, provisoirement adressées à l'enregistrement libre et

à la vérification des cours, comme il a toujours été pratiqué ;
mais qu'elles n'auront de force que jusqu'à la tenue de l'assemblée nationale, où elles auront besoin de ratification pour
continuer à être obligatoires.

6° La confirmation des capitulations et des traités qui unissent les provinces à la couronne, ainsi que le maintien de
toutes les propriétés particulières.

7° La réintégration des priviléges des villes du royaume,
principalement en ce qui concerne la libre élection des officiers
municipaux, et l'entière disposition des revenus des communes, lesquels ne seront plus soumis à l'inspection des
commissaires départis, ni à celle des ministres.

8° Le rétablissement ou la formation des états particuliers,
modelés sur la forme des États généraux (adoptée par la nation), avec entr'autres différences, cependant, que les premiers se tiendront tous les ans ; qu'ils auront seuls une commission intermédiaire, toujours subsistante, pendant le temps
qu'ils ne seront pas assemblés ; ainsi que des procureurs
généraux syndics, chargés spécialement de veiller aux intérêts de leurs concitoyens, et de mettre opposition, pardevant
les cours, à l'enregistrement des lois locales et momentanées,
promulguées dans les intervalles de la convocation de l'assemblée nationale, lorsqu'elles pourront contenir des clauses contraires aux priviléges de leurs provinces.

9° Déclarer, décidément, les ministres du roi responsables
de toutes les déprédations dans les finances, ainsi que de toutes
les atteintes portées par le gouvernement aux droits tant nationaux que particuliers ; et que les auteurs de ces infractions
seront poursuivis pardevant la cour des pairs, ou tel autre
tribunal que choisiront les États généraux, et, en leur absence,
par les procureurs généraux du roi.

10° Établir la liberté indéfinie de la presse, par la suppression absolue de la censure, à la charge par l'imprimeur d'apposer son nom à tous les ouvrages, et de répondre personnellement, lui ou l'auteur, de tout ce que ces écrits pourraient
contenir de contraire à la religion dominante, à l'ordre général, à l'honnèté publique, à l'honneur des citoyens.

11° L'abolition de toutes commissions particulières, évocations au conseil, etc., etc.

Tels sont les points préliminaires sur lesquels nous enjoignons à nos députés de faire statuer dans l'assemblée des États PRÉALABLEMENT à *toute autre délibération*, AVANT SURTOUT DE VOTER *pour l'impôt;* déclarant que si nos représentants, sans avoir égard aux clauses expresses du présent mandat, jugeaient à propos de concourir à l'octroi des subsides, *nous les désavouons formellement, et les regardons, dès à présent, comme déchus de leurs pouvoirs, incapables de nous lier par leur consentement, et à jamais indignes de notre confiance.*

Après l'obtention de ces articles fondamentaux, il sera permis à nos représentants de délibérer sur les subsides ; et alors nous leur mandons d'exiger :

1° Le tableau exact et détaillé de la situation des finances.

2° La connaissance approfondie du montant du *déficit* et de ses véritables causes.

3° La publication annuelle des états de recette et de dépense, à laquelle sera jointe la liste des pensions avec l'énonciation des motifs qui les auront fait accorder.

4° La reddition publique des comptes, par pièces justificatives, à chaque tenue d'États.

5° La fixation motivée des dépenses des divers départements

6° L'extinction de tous impôts distinctifs, pour leur être substitués, d'après le consentement des États, des subsides également supportés par les trois ordres, et proportionnellement aux propriétés, soit mobilières, soit immobilières de chaque contribuable.

7° Le reculement des douanes jusqu'aux frontières du royaume.

8° Le refus, à l'avenir, de l'obtention et du renouvellement de tous priviléges exclusifs, destructeurs du commerce et de l'industrie.

Ces objets une fois réglés, nous chargeons nos députés de consentir à *l'octroi des* SEULS *subsides qu'on jugera* ABSOLUMENT NÉCESSAIRES *aux besoins réels, indispensables de l'État;* entendant que, pour remplacer les impôts actuels, qui devront être abolis en totalité par les États, on préfère les *taxes peu nombreuses, d'une perception simple, facile et* TOUJOURS LIMITÉE *au terme de la convocation de l'assemblée nationale.*

Nous enjoignons en outre à nos députés de solliciter la réforme des abus dans l'administration civile et criminelle.

Nous les chargeons au surplus de déterminer une seconde tenue d'États, qui aura lieu dans deux ans (indépendamment de l'assemblée périodique fixé au plus tard à quatre), à laquelle tenue seront renvoyées toutes les autres propositions de réforme, dont les diverses parties de l'administration sont évidemment susceptibles, et qui ne pourraient que *détourner l'attention de nos députés des objets plus importants qui leur sont ici recommandés.* Mais pour mettre à portée la deuxième assemblée d'adopter les plans les plus sages, Sa Majesté sera instamment suppliée de former, dans l'intervalle de deux tenues, divers comités de magistrature, guerre, marine, finances, agriculture, commerce, arts, etc., composés des hommes les plus intègres, les plus éclairés, que lui désignera la voix publique, et qui appelleront encore le concours de toutes les lumières de la nation.

Enfin, si l'on présentait à nos mandataires quelque projet tendant à la restauration des finances, tel, par exemple, que l'accensement des domaines, etc., et dont l'examen ne pût être différé jusqu'à la prochaine assemblée nationale, il leur est prescrit de prendre nos ordres ultérieurs avant de voter définitivement.

Arrêté en l'assemblée de la noblesse de la sénéchaussée de Guienne, au couvent des RR. PP. Jacobins de Bordeaux, le mardi 10 février 1789.

Et ont signé MM.

Gauvain de Harcot; chev. d'Adhemar; le comte de Madronet Saint-Eugène; de Lasalle Caillau; Bergeron; le chev. de Verthamon Saint-Fort; le chev. Daniel; le chev. de Savignac; le mis de Mons; d'Arche Pessan; Gombault Desbarail; d'Abadie; Saint-Angel de Peugerin; Saint-Angel; de Sarrau; mis de Raymond; de Lacroix; Lombard; de Montaigne; le vte de la Faye; le chev. de Sarrau; de Biré; chev. Châteauneuf; chev. de Rousset; le chev. de Lalande; le Blanc; le chev. de Solminiac; le baron de Vassal; Rattier de Sauvigniac; Duperier de Lisle-Fort; de Rausan; le chev. de Villeneuve, par procuration pour le baron de Villeneuve; le chev. de Villeneuve; le chev. de Verthamont, chef d'escadron au régiment

de Royal-Piémont; Lachassaigne; Durousset; baron d'Audebard de Ferussac; de Bacalan; chev. de Filhot; Pressac de la
Chassaigne; Ratier-Dupin; de Cursol; Cœffard de Mazerolles;
ch. Chillaud, neveu; ch. de Rousset; Laroque-Budos; Bordes
de Fortage; d'Arche-Peissan; Malvin; Verthamon Saint-Fort,
capitaine au régiment de la Reine; le chev. de Sentout; le
chev. d'Audebard de Ferrussac; Lamarthonie; Monsec de Rei-
gnac; le mⁱˢ de Joigny fils; le chev. de Rolland; de Malvin;
de Nogaret; le chev. Marbotin; Delabat; Pontac; le chev. de
Budos de la Roque; Deffangol de Cadouin; d'Arche de Las-
salle; Verthamon, capitaine de dragons; le chev. de Saint-
Angel; Calmeilh; le chev. de Calmeilh; le chev. de Rausan;
François d'Audebar; le chev. Duvigier; Delavergne Delage;
chev. Gombault de Rasac.

NOTE XV.

*Discours du Roi à l'ouverture des États généraux,
faite à Versailles, le 5 mai 1789.*

MESSIEURS,

Ce jour que mon cœur attendait depuis longtemps est enfin
arrivé, et je me vois entouré des représentants de la nation à
laquelle je me fais une gloire de commander.

Un long intervalle s'était écoulé depuis les dernières tenues
des États généraux, et quoique la convocation de ces assemblées parût être tombée en désuétude, je n'ai pas balancé à rétablir un usage dont le royaume peut tirer une nouvelle force,
et qui peut ouvrir à la nation une nouvelle source de bonheur.

La dette de l'État, déjà immense à mon avénement au trône,
s'est encore accrue sous mon règne; une guerre dispendieuse,
mais honorable, en a été la cause; l'augmentation des impôts
en a été la suite nécessaire, et a rendu plus sensible leur iné-
gale répartition.

Une inquiétude générale, un désir exagéré d'innovations, se
sont emparés des esprits, et finiraient par égarer totalement les
opinions, si on ne se hâtait de les fixer par une réunion d'avis
sages et modérés.

C'est dans cette confiance, messieurs, que je vous ai rassemblés, et je vois avec sensibilité qu'elle a déjà été justifiée par les dispositions que les deux premiers ordres ont montrées à renoncer à leurs priviléges pécuniaires. L'espérance que j'ai conçue de voir tous les ordres, réunis de sentiments, concourir avec moi au bien général de l'État, ne sera point trompée.

J'ai déjà ordonné dans les dépenses des retranchements considérables. Vous me présenterez encore, à cet égard, des idées que je recevrai avec empressement; mais, malgré la ressource que peut offrir l'économie la plus sévère, je crains, messieurs, de ne pouvoir pas soulager mes sujets aussi promptement que je le désirerais. Je ferai mettre sous vos yeux la situation exacte des finances, et quand vous l'aurez examinée, je suis assuré d'avance que vous me proposerez les moyens les plus efficaces pour y établir un ordre permanent et affermir le crédit public. Ce grand et salutaire ouvrage qui assurera le bonheur du royaume au dedans et sa considération au dehors, vous occupera essentiellement.

Les esprits sont dans l'agitation; mais une assemblée des représentants de la nation n'écoutera sans doute que les conseils de la sagesse et de la prudence. Vous aurez jugé vous-mêmes, Messieurs, qu'on s'en est écarté dans plusieurs occasions récentes; mais l'esprit dominant de vos délibérations répondra aux véritables sentiments d'une nation généreuse, et dont l'amour pour ses rois a toujours fait le caractère distinctif; j'éloignerai tout autre souvenir.

Je connais l'autorité et la puissance d'un roi juste au milieu d'un peuple fidèle et attaché de tout temps aux principes de la monarchie : ils ont fait la gloire et l'éclat de la France; je dois en être le soutien et je le serai constamment.

Mais tout ce qu'on peut attendre du plus tendre intérêt au bonheur public, tout ce qu'on peut demander à un souverain, le premier ami de ses peuples, vous pouvez, vous devez l'espérer de mes sentiments.

Puisse, messieurs, un heureux accord régner dans cette assemblée, et cette époque devenir à jamais mémorable pour le bonheur et la prospérité du royaume! C'est le souhait de mon cœur, c'est le plus ardent de mes vœux, c'est enfin le prix que j'attends de la droiture de mes intentions et de mon amour pour mes peuples.

Mon garde des sceaux va vous expliquer plus amplement mes intentions, et j'ai ordonné au directeur général des finances de vous en exposer l'état.

NOTE XVI.

Rapport du Comité de Constitution, contenant le résumé des Cahiers relatifs à cet objet, lu à l'Assemblée nationale, le 27 juillet 1789, par M. le comte Stanislas de Clermont-Tonnerre.

MESSIEURS,

Vous êtes appelés à régénérer l'empire français; vous apportez à ce grand œuvre et votre propre sagesse et la sagesse de vos commettants.

Nous avons cru devoir d'abord rassembler et vous présenter les lumières éparses dans le plus grand nombre de vos cahiers. Nous vous présenterons ensuite et les vues particulières de votre comité et celles qu'il a pu ou pourra recueillir encore dans les divers plans, dans les diverses observations qui lui ont été ou qui lui seront communiquées ou remises par les membres de cette auguste assemblée.

C'est de la première partie de ce travail, messieurs, que nous allons vous rendre compte.

Nos commettants, messieurs, sont tous d'accord sur un point : ils veulent la régénération de l'État; mais les uns l'ont attendue de la simple réforme des abus et du rétablissement d'une constitution existant depuis quatorze siècles, et qui leur a paru pouvoir revivre encore, si l'on réparait les outrages que lui ont faits le temps et les nombreuses insurrections de l'intérêt personnel contre l'intérêt public.

D'autres ont regardé le régime social existant comme tellement vicié, qu'ils ont demandé une constitution nouvelle, et qu'à l'exception du gouvernement et des formes monarchiques, qu'il est dans le cœur de tout Français de chérir et de respecter, et qu'ils vous ont ordonné de maintenir, ils vous ont donné tous les pouvoirs nécessaires pour créer une constitution, et asseoir sur des principes certains, et sur la distinction et constitution régulière de tous les pouvoirs, la prospérité de l'empire français. Ceux-là, messieurs, ont cru que le premier chapitre de la constitution devait contenir la déclaration des droits de l'homme ; de ces droits imprescriptibles , pour le maintien desquels la société fut établie.

La demande de cette déclaration des droits de l'homme, si constamment méconnus, est, pour ainsi dire, la seule différence qui existe entre les cahiers qui désirent une constitution nouvelle, et ceux qui ne demandent que le rétablissement de ce qu'ils regardent comme la constitution existante.

Les uns et les autres ont également fixé leurs idées sur les principes du gouvernement monarchique, sur l'existence du pouvoir et sur l'organisation du Corps législatif, sur la nécessité du consentement national à l'impôt, sur l'organisation des corps administratifs et sur les droits des citoyens.

Nous allons, messieurs, parcourir ces divers objets, et vous offrir sur chacun d'eux, comme décisions, les résultats uniformes, et comme questions à examiner, les résultats différents ou contradictoires, que nous ont présentés ceux de vos cahiers dont il nous a été possible de faire ou de nous procurer le dépouillement.

1° Le gouvernement monarchique, l'inviolabilité de la personne sacrée du roi, et l'hérédité de la couronne de mâle en mâle, sont également reconnus et consacrés par le plus grand nombre des cahiers, et ne sont mis en question dans aucun.

2° Le roi est également reconnu comme dépositaire de toute la plénitude du pouvoir exécutif.

3° La responsabilité de tous les agents de l'autorité est demandée généralement.

4° Quelques cahiers reconnaissent au roi le pouvoir législatif, limité par les lois constitutionnelles et fondamentales du royaume ; d'autres reconnaissent que le roi, dans l'intervalle d'une assemblée d'États généraux à l'autre, peut faire seul les lois de police et d'administration, qui ne seront que provisoires, et pour lesquelles ils exigent l'enregistrement libre dans les cours souveraines. Un bailliage a même exigé que l'enregistrement ne pût avoir lieu qu'avec le consentement des deux tiers des commissions intermédiaires des assemblées de districts.

Le plus grand nombre des cahiers reconnaît la nécessité de la sanction royale pour la promulgation des lois.

Quant au pouvoir législatif, la pluralité des cahiers le reconnaît comme résidant dans la représentation nationale, sous
la clause de la sanction royale; et il paraît que cette maxime
ancienne des capitulaires, *lex fit consensu populi et constitutione
regis,* est presque généralement consacrée par vos commettants.

Quant à l'organisation de la représentation nationale, les
questions sur lesquelles vous avez à prononcer se rapportent
à la convocation, ou à la durée, ou à la composition de la représentation nationale, ou au mode de délibération que lui
proposaient vos commettants.

Quant à la convocation, les uns ont déclaré que les États
généraux ne pouvaient être dissous que par eux-mêmes; les
autres, que le droit de convoquer, proroger et dissoudre appartenait au roi, sous la seule condition, en cas de dissolution, de faire, sur-le-champ, une nouvelle convocation.

Quant à la durée, les uns ont demandé la périodicité des
États généraux, et ils ont voulu que le retour périodique ne
dépendît ni des volontés, ni de l'intérêt des dépositaires de
l'autorité; d'autres, mais en plus petit nombre, ont demandé
la permanence des États généraux, de manière que la séparation des membres n'entraînât pas la dissolution des États.

Le système de la périodicité a fait naître une seconde question : Y aura-t-il ou n'y aura-t-il pas de commission intermédiaire pendant l'intervalle des séances? La majorité de vos
commettants a regardé l'établissement d'une commission intermédiaire comme un établissement dangereux.

Quant à la composition, les uns ont tenu à la séparation des
trois ordres; mais, à cet égard, l'extension des pouvoirs qu'ont
déjà obtenue plusieurs représentants laisse sans doute une plus
grande latitude pour la solution de cette question.

Quelques bailliages ont demandé la réunion des deux premiers ordres dans une même chambre; d'autres, la suppression
du clergé et la division de ses membres dans les deux autres
ordres; d'autres, que la représentation de la noblesse fût double
de celle du clergé, et que toutes deux réunies fussent égales à
celle des communes.

Un bailliage, en demandant la réunion des deux premiers
ordres, a demandé l'établissement d'un troisième, sous le titre

d'ordre des campagnes; il a été également demandé que toute personne exerçant charge, emploi ou place à la cour, ne pût pas être députée aux États généraux; enfin, l'inviolabilité de la personne des députés est reconnue par le plus grand nombre des bailliages, et n'est contestée par aucun. Quant au mode de délibération, là question de l'opinion par tête et de l'opinion par ordre est résolue; quelques bailliages demandent les deux tiers des opinions pour former une résolution.

La nécessité du consentement national à l'impôt est généralement reconnue par vos commettants, établie par tous vos cahiers : tous bornent la durée de l'impôt au terme que vous lui aurez fixé, terme qui ne pourra jamais s'étendre au delà d'une tenue à l'autre; et cette clause impérative a paru à tous vos commettants le garant le plus sûr de la perpétuité de vos assemblées nationales.

L'emprunt n'étant qu'un impôt indirect, leur a paru devoir être assujetti aux mêmes principes.

Quelques bailliages ont excepté des impôts à terme, ceux qui auraient pour objet la liquidation de la dette nationale, et ont cru qu'ils devaient être perçus jusqu'à son entière extinction.

Quant aux corps administratifs, ou états provinciaux, tous les cahiers vous demandent leur établissement, et la plupart s'en rapportent à votre sagesse sur leur organisation.

Enfin les droits des citoyens, la liberté, la propriété sont réclamés avec la nation française. Elle réclame pour chacun de ses membres l'inviolabilité des propriétés particulières, comme elle réclame pour elle-même l'inviolabilité de la propriété publique; elle réclame dans toute son étendue la liberté individuelle, comme elle vient d'établir à jamais la liberté nationale; elle réclame la liberté de la presse, ou la libre communication des pensées; elle s'élève avec indignation contre les lettres de cachet, qui disposaient arbitrairement des personnes, et contre la violation du secret de la poste, l'une des plus absurdes et des plus infâmes inventions du despotisme.

Au milieu de ce concours de réclamations, nous avons remarqué, messieurs, quelques modifications particulières relatives et aux lettres de cachet et à la liberté de la presse. Vous

les peserez dans votre sagesse, vous rassurerez sans doute ce
sentiment de l'honneur français, qui, par son horreur pour la
honte, a quelquefois méconnu la justice, et qui mettra sans
doute autant d'empressement à se soumettre à la loi, lorsqu'elle
commandera aux forts, qu'il en mettait à s'y soustraire, lorsqu'elle ne pesait que sur le faible. Vous calmerez les inquié-
tudes de la religion, si souvent outragée par des libelles dans
le temps du régime prohibitif; et le clergé, se rappelant que la
licence fut longtemps là compagne de l'esclavage, reconnaîtra
lui-même que le premier et le naturel effet de la liberté est le
retour de l'ordre, de la décence et du respect pour les objets
de la vénération publique.

Tel est, messieurs, le compte que votre comité a cru devoir
vous rendre de la partie de vos cahiers qui traite de la constitution ; vous y trouverez sans doute toutes les pierres fondamentales de l'édifice que vous êtes chargés d'élever à toute sa hauteur, mais vous y désirerez peut-être cet ordre, cet ensemble de
combinaisons politiques, sans lesquelles le régime social pré-
sentera toujours de nombreuses défectuosités. Les pouvoirs y
sont indiqués, mais ne sont pas encore distingués avec la pré-
cision nécessaire. L'organisation de la représentation nationale
n'y est pas suffisamment établie ; les principes de l'éligibilité n'y
sont point posés : c'est de votre travail que naîtront ces résultats. La nation a voulu être libre, et c'est vous qu'elle a chargés de son affranchissement : le génie de la France a précipité,
pour ainsi dire, la marche de l'esprit public ; il a accumulé
pour vous, en peu d'heures, l'expérience que l'on pouvait à
peine attendre de plusieurs siècles. Vous pouvez, messieurs,
donner une constitution à la France ; le roi et le peuple la
demandent ; l'un et l'autre l'ont méritée.

Résultat du dépouillement des Cahiers.

Principes avoués.

ARTICLE PREMIER. Le gouvernement français est un gouvernement monarchique.

ART. 2. La personne du roi est inviolable et sacrée.

ART. 3. Sa couronne est héréditaire de mâle en mâle.

ART. 4. Le roi est dépositaire du pouvoir exécutif.

ART. 5. Les agents de l'autorité sont responsables.

ART. 6. La sanction royale est nécessaire pour la promulgation des lois.

ART. 7. La nation fait la loi avec la sanction royale.

ART. 8. Le consentement national est nécessaire à l'emprunt et à l'impôt.

ART. 9. L'impôt ne peut être accordé que d'une tenue d'États généraux à l'autre.

ART. 10. La propriété sera sacrée.

ART. 11. La liberté individuelle sera sacrée.

Questions sur lesquelles l'universalité des Cahiers ne s'est point expliquée d'une manière uniforme.

ARTICLE PREMIER. Le roi a-t-il le pouvoir législatif, limité par les lois constitutionnelles du royaume?

ART. 2. Le roi peut-il faire seul des lois provisoires de police et d'administration, dans l'intervalle des tenues des États généraux?

ART. 3. Ces lois seront-elles soumises à l'enregistrement libre des cours souveraines?

ART. 4. Les États généraux ne peuvent-ils être dissous que par eux-mêmes?

ART. 5. Le roi peut-il seul convoquer, proroger et dissoudre les États généraux?

ART. 6. En cas de dissolution, le roi est-il obligé de faire sur-le-champ une nouvelle convocation?

ART. 7. Les États généraux seront-ils permanents ou périodiques?

ART. 8. S'ils sont périodiques, y aura-t-il, ou n'y aura-t-il pas une commission intermédiaire?

ART. 9. Les deux premiers ordres seront-ils réunis dans une même chambre?

ART. 10. Les deux chambres seront-elles formées sans distinction d'ordre?

ART. 11. Les membres de l'ordre du clergé seront-ils répartis dans les deux autres ordres?

ART. 12. La représentation du clergé, de la noblesse et des communes sera-t-elle dans la proportion d'une, deux et trois?

ART. 13. Sera-t-il établi un troisième ordre, sous le titre d'ordre des campagnes?

ART. 14. Les personnes possédant charges, emplois ou places à la cour, peuvent-elles être députées aux États généraux?

ART. 15. Les deux tiers des voix seront-ils nécessaires pour former une résolution?

ART. 16. Les impôts ayant pour objet la liquidation de la dette nationale seront-ils perçus jusqu'à son entière extinction?

ART. 17. Les lettres de cachet seront-elles abolies ou modifiées?

ART. 18. La liberté de la presse sera-t-elle indéfinie ou modifiée?

NOTE XVII.

Le vote au canton.

De tous les points de la France libre, du sein de tous les partis, de la conscience publique froissée et inquiète, il s'élève, depuis quinze jours, des protestations contre le vote au canton.

Ce genre de vote attente, en première ligne, au principe d'égalité inscrit en tête de toutes les constitutions qui ont régi la France depuis 1789.

Il divise ensuite la nation en deux parties, dont l'une, dans les villes, votera à son aise, sans se déranger, en toute liberté, avec toute facilité, tandis que l'autre devra franchir une distance de douze à quarante-deux kilomètres, aller et retour, avant d'atteindre le lieu privilégié, c'est-à-dire la cité pourvue de l'urne électorale.

Enfin, le vote au canton apprendra au peuple des campagnes que le gouvernement aimerait tout au-

tant qu'il laissàt au peuple des villes, seul, l'honneur
et le profit de gouverner la France sans la France.

Mais personne plus énergiquement, plus éloquem-
ment que M. Eugène Pelletan, membre du gouvernement provisoire, l'un des signataires du premier
décret de convocation de la Constituante, n'aura
fait ressortir les inconvénients, les injustices et les
périls du vote au canton.

Lisez :

« .... Que ferait-elle donc la république par le vote au can-
« ton? Elle consacrerait le privilège des populations agglomé-
« rées, en sacrifiant le droit de quarante mille communes. Elle
« priverait vingt-huit millions d'âmes de l'exercice de la sou-
« veraineté pour en investir les clubs électoraux de quelques
« villes.

« Est-ce là ce que nous devons vouloir, même à Paris, où
« un million d'hommes s'abstiennent pour ne pas traverser la
« rue?

« Y a-t-il une raison au monde pour constituer cette prépon-
« dérance à cette classe dépaysée, flottante, mobile, entraînable
« aux factions, contre cette classe rurale qui nourrit la patrie,
« qui cultive le sol, qui garde la frontière, qui vient de cent
« lieues pour défendre la république dans les jours de péril,
« qui vit de peu, qui souffre des saisons, qui se marie honnê-
« tement, qui économise sillon par sillon un petit champ,
« qui aime son clocher comme le signe de ses deux patries,
« l'une au ciel, l'autre sur la terre?

« Ferons-nous de ces laboureurs émancipés par le travail,
« des ilotes électoraux corvéables à merci par la démagogie des
« clubs? Ah! ce serait rétablir au nom de la république un
« servage plus honteux que celui dont la Révolution a brisé
« le joug, le servage de l'intelligence et de la raison.

« On dit que le paysan est ignorant, que la vie du village
« est une perspective trop bornée pour les idées, qu'il faut
« l'agrandir en appelant les électeurs dans un milieu plus
« spacieux, plus large. Nous voudrions voir un philosophe

« impartial entrer dans une société démagogique et puis dans
« une réunion de cultivateurs, et il nous dirait où se trouve
« la plus grande masse de bon sens et de vertu.

« D'ailleurs, si on pouvait douter du patriotisme des élec-
« teurs de la campagne, on ne douterait pas au moins de leur
« bon sens et de leurs instincts de conservation. Ils ne réta-
« bliront pas la féodalité, car c'est sur eux qu'elle pèserait.
« Mais nous ne doutons pas plus de leur patriotisme que de
« leur bon sens. Où donc s'étaient recrutées ces armées de la
« République et de l'Empire qui ont fondé en Europe la sou-
« veraineté de la gloire française. Ces armées étaient compo-
« sées de paysans, et ces paysans étaient des héros.

« Il faut bien le reconnaître, sous cette question, il y a un
« grand intérêt politique. C'est toujours la lutte des deux ré-
« publiques, l'une turbulente, inquiète, méfiante, terroriste,
« qui sent sa faiblesse et cherche sa force dans les brigues et
« les agitations ; l'autre, paisible, confiante, tolérante, et qui
« cherche sa force dans la liberté ; l'une qui renversait le dra-
« peau rouge au 24 février, l'autre qui essayait de le relever
« au 16 avril, au 15 mai, au 22 juin.

« Vous parlez de république de clocher ; vous referiez la
« république de faubourgs et de banlieue.

« Eugène PELLETAN. »

(Journal la *Liberté*, cité par la *Guienne*.)

NOTE XVIII.

Nous ne sommes pas les premiers à signaler cette
conséquence forcée d'une position fausse qui fait
toujours d'un souverain illégitime un souverain
despotique ; qu'on en juge :

« Ce n'est pas tout de se déclarer monarque héréditaire. Ce
« qui constitue tel ce n'est pas le trône qu'on veut transmettre,
« mais le trône dont on a hérité....

« Un monarque montant sur le trône que ses ancêtres ont

« occupé suit une route dans laquelle il ne s'est point lancé
« par sa volonté propre. Il n'a point sa réputation à faire ;
« il est seul de son espèce ; on ne le compare à personne. Un
« usurpateur est exposé à toutes les comparaisons que suggè-
« rent les regrets, les jalousies ou les espérances ; il est obligé
« de justifier son élévation : il a contracté l'engagement tacite
« d'attacher de grands résultats à une si grande fortune ; il
« doit craindre de tromper l'attente du public qu'il a si puis-
« samment éveillée. L'inaction la plus raisonnable, la mieux
« motivée lui devient un danger. *Il faut donner aux Français*
« *tous les trois mois*, disait un homme qui s'y entend bien,
« *quelque chose de nouveau*. Il a tenu parole.

« Or, c'est sans doute un avantage que d'être propre à de
« grandes choses, quand le bien général l'exige ; mais c'est un
« mal que d'être condamné à de grandes choses pour sa consi-
« dération personnelle, *quand le bien général ne l'exige pas*.
« L'on a beaucoup déclamé contre les rois fainéants. Dieu
« nous rende leur fainéantise, plutôt que l'activité d'un usur-
« pateur !

« Aux inconvénients de la position joignez les vices du ca-
« ractère, car il y en a que l'usurpation implique, et il y en a
« encore que l'usurpation produit.

« Que de ruses, que de violences, que de parjures elle né-
« cessite ! Comme il faut invoquer des principes qu'on se pré-
« pare à fouler aux pieds, prendre des engagements que l'on
« veut enfreindre, se jouer de la bonne foi des uns, profiter
« de la faiblesse des autres, éveiller l'avidité là où elle som-
« meille, enhardir l'injustice là où elle se cache, la déprava-
« tion là où elle est timide, mettre, en un mot, toutes les
« passions coupables comme en serre chaude, pour que la
« maturité soit plus rapide et que la moisson soit plus abon-
« dante !

« Un monarque arrive noblement au trône : un usurpateur
« s'y glisse à travers la boue et le sang ; et quand il y prend
« place, sa robe tachée porte l'empreinte de la carrière qu'il a
« parcourue.

« Croit-on que le succès viendra, de sa baguette magique, le
« purifier du passé ? Tout au contraire, il ne serait pas cor-
« rompu d'avance que le succès suffirait pour le corrompre.....

« .... Si nous parcourons tous les détails de l'administration
« extérieure et intérieure, partout nous verrons des diffé-
« rences, au désavantage de l'usurpation et à l'avantage de la
« monarchie.

« Un roi n'a pas besoin de commander ses armées ; d'autres
« peuvent combattre pour lui, tandis que ses vertus pacifiques
« le rendent cher et respectable à son peuple. L'usurpateur
« doit être toujours à la tête de ses prétoriens. Il en serait le
« mépris s'il n'en était l'idole....

« La gloire d'un monarque légitime s'accroît des gloires en-
« vironnantes. Il gagne à la considération dont il entoure ses
« ministres. Il n'a nulle concurrence à redouter.

« L'usurpateur, pareil naguère, ou même inférieur à ses
« instruments, est obligé de les avilir, pour qu'ils ne devien-
« nent pas rivaux. Il les froisse pour les employer. Aussi,
« regardez-y de près, toutes les âmes fières s'éloignent ; et
« quand les âmes fières s'éloignent, que reste-t-il ? Des
« hommes qui savent ramper, mais ne sauraient défendre ; des
« hommes qui insulteraient les premiers, après sa chute, le
« maître qu'ils auraient flatté.

« Ceci fait que l'usurpation est plus dispendieuse que la
« monarchie. Il faut d'abord payer des agents pour qu'ils se
« laissent dégrader ; il faut ensuite payer encore ces agents
« dégradés pour qu'ils se rendent utiles. L'agent doit faire le
« service et de l'opinion et de l'honneur. Mais ces agents, tout
« corrompus et tout zélés qu'ils sont, n'ont pas l'habitude du
« gouvernement. Ni eux, ni leur maître nouveau comme eux,
« ne savent tourner les obstacles. A chaque difficulté qu'ils
« rencontrent, la violence leur est si commode, qu'elle leur
« paraît toujours nécessaire. Ils seraient tyrans par ignorance,
« s'ils ne l'étaient par intention. Vous voyez les mêmes insti-
« tutions subsister dans la monarchie durant des siècles :
« vous ne voyez pas un usurpateur qui n'ait vingt fois révo-
« qué ses propres lois et suspendu les formes qu'il venait
« d'instituer, comme un ouvrier novice et impatient brise ses
« outils. »

La logique et le bon sens ont bien souvent le don
de prophétie. Ne dirait-on pas cette page composée

d'allusions fines et mordantes au règne de Napoléon III?... Elle est de Benjamin Constant.

Plus récemment, M. P. Lanfrey, dans son histoire
remarquable et sévère de Napoléon Ier, exprime la
même pensée dans les termes suivants (2e vol.,
p. 6 et 7) :

« Même parmi les coopérateurs les plus actifs du 18 bru-
« maire, personne ne voulait une dictature prolongée au delà
« du temps nécessaire pour réaliser le changement convenu
« dans la constitution.

« Mais c'est la plus vaine des illusions que de croire qu'un
« pouvoir qui s'est élevé par la fraude et la violence puisse
« rentrer à volonté dans les voies de la justice. S'il avait en
« effet l'amour du bien public que suppose un tel retour, il
« aurait toujours reculé devant l'emploi de pareils moyens.
« La crédulité des peuples, complice en cela de leur faiblesse,
« admet volontiers les conversions soudaines en vertu des-
« quelles on se flatte que le bien pourra sortir du mal, et une
« usurpation se changer en un régime bienfaisant; mais l'his-
« toire donne sur ce point un démenti à l'opinion vulgaire, et il
« est sans doute heureux qu'elle n'autorise pas cette filiation du
« bien par le mal, cette promiscuité du crime et de la vertu. »

On voit que les leçons de l'histoire confirment en
tout point les déductions de la logique et du bon
sens.

NOTE XIX.

Voici les principaux passages du discours de Philippe Pot qui nous a été conservé par Masselin,
official de Rouen, l'un des députés, dans son *Histoire
des États de Tours* :

« Si je n'étais convaincu que la plus grande partie de cette

« assemblée est animée du désir sincère de faire prévaloir et
« de maintenir la puissance et la liberté des États généraux,
« je ne prendrais point la parole ; ce serait entreprendre une
« chose vaine que de vouloir changer l'opinion générale ; mais,
« comme vous avez fait preuve, par vos précédentes résolu-
« tions, de probité et d'indépendance, je ne crois pas inutile de
« rappeler ici quelques principes touchant l'autorité et la
« liberté des États généraux : principes qui *ont été professés*
« *par les plus grands hommes et les plus sages, et que je tiens*
« *d'eux, comme une tradition sacrée.* J'espère aussi ramener à
« des dispositions p us fermes ceux des députés qui tremblent
« si fort d'élire eux-mêmes les membres du conseil et qui s'en
« défendent comme d'un feu dévorant ou d'un grave péril.

« Et, avant d'entrer en matière, je réfuterai d'abord l'opi-
« nion de ceux qui pensent que la tutelle du roi et la régence
« du royaume appartiennent de droit aux princes du sang....

« Il est donc indispensable *de décider ce point important*
« D'APRÈS LES PRINCIPES ET LES RÈGLES DE NOTRE ANTIQUE
« CONSTITUTION. Ces règles, fidèlement observées, font régner
« la paix dans le gouvernement, dans les esprits, dans les
« cœurs ; elles préviennent toute mauvaise pensée, elles
« étouffent toute ambition

« Que si l'on voulait que la régence appartînt aux princes
« du sang, et que la question vînt à s'élever auquel. d'entre
« eux appartiendrait l'administration du royaume, qui ne voit
« que cette question serait décidée, non par les conseils et les
« raisonnements, mais par les armes ? Or, je vous le demande,
« qui ne sera pas disposé à regarder comme un téméraire
« usurpateur du pouvoir, comme un perturbateur de la paix
« publique et un *tyran digne d'être flétri par les lois,* celui qui,
« *sans prendre l'avis de la nation, s'emparerait, sous un prétexte*
« *quelconque, du gouvernement qui ne lui serait point déféré par*
« *un droit manifeste et incontestable ?*

« La chose publique, dira-t-on, restera donc sans gouverne-
« ment et livrée aux passions de tous ? En aucune façon : la
« question sera immédiatement déférée à l'examen des États
« généraux, non pour rester maîtres eux-mêmes du gouverne-
« ment, mais pour y préposer les plus dignes.

« S'il est vrai que les princes ne gouvernent point pour leur

« utilité propre, mais que leur prémier devoir est une abné-
« gation complète qui tourne au profit de la chose publique,
« ceux qui agissent autrement sont assurément des tyrans et
« non des pasteurs, des loups ravissants plutôt que les con-
« ducteurs de leurs troupeaux.

« Il importe extrêmement au peuple de savoir quelle loi ou
« quel prince le gouverne....

« *N'avez-vous pas lu mille fois que la chose publique est la*
« *chose du peuple?* Si c'est sa chose, comment peut-il la négli-
« ger ou ne pas s'enquérir de ceux qui la gouvernent?

« Sans doute on doit être soumis à la volonté du prince qui
« gouverne l'État en vertu de son âge et DE LA LOI FONDA-
« MENTALE ; mais, dans le cas proposé, le roi ne peut, à raison
« de sa minorité, prendre le gouvernement ni en disposer.

« IL FAUT DONC QUE LE GOUVERNEMENT ET LE DROIT D'EN
« DISPOSER RETOURNENT AU PEUPLE, puisque c'est sa chose,
« non à un prince ou à une partie du peuple, mais à tous les
« Français, puisqu'en dernière analyse une longue vacance
« ou une mauvaise régence tourne au détriment de lui seul.

« Je n'entends point dire que le droit de régner ou la pro-
« priété de la suprême puissance passe à d'autres personnes
« qu'à celle du roi, mais que la régence seulement et l'admi-
« nistration du royaume ne sont point sa propriété, et qu'elles
« appartiennent temporairement au peuple ou à ceux qu'il a
« élus.

« Or, *par peuple, je n'entends pas seulement le menu peuple* ou
« les autres sujets de ce royaume, mais *tous les Français de*
« *quelque rang qu'ils soient,* de telle sorte que, sous la déno-
« mination d'États généraux, je comprends les princes eux-
« mêmes et *tous ceux qui habitent le royaume.* Les princes, en
« effet, sont compris dans la noblesse et ils en sont les mem-
« bres les plus distingués....

« .... Mais aujourd'hui que les États sont assemblés, leur
« consentement est nécessaire pour confirmer ce qui a été fait
« et pour pourvoir à l'avenir. Les actes consommés auront
« ainsi la force qui leur manque, *car rien ne peut subsister*
« *d'une manière régulière et inviolable sans la volonté des États*
« *généraux.*

« Ce n'est pas une chose nouvelle que ce congrès des États

« généraux ; ce n'est pas une chose insolite de leur voir prendre
« en main l'administration de la chose publique vacante, de la
« confier à des hommes sages et tirés de leur sein, ou de dési-
« gner des princes du sang royal, pourvu qu'ils possèdent les
« vertus et les qualités requises.

« Lorsque Philippe de Valois et Édouard III, roi d'Angle-
« terre, se disputaient la couronne par la voie des armes, ces
« princes, mieux avisés, convinrent, comme ils le devaient
« D'APRÈS LE DROIT DU ROYAUME, de déférer cette grande
« question au jugement des États généraux, qui prononcèrent
« en faveur de Philippe

« Que si l'on a eu recours aux États généraux pour une
« chose aussi grave, pourquoi dénierait-on leur autorité pour
« la disposition de la régence, qui est beaucoup moins impor-
« tante?

« Lorsque le roi Jean fut fait prisonnier par les Anglais,
« ne sont-ce pas les États généraux qui réglèrent l'adminis-
« tration et la police du royaume, et qui déléguèrent tous les
« pouvoirs nécessaires? Et, bien que Charles V, son fils, eût
« déjà atteint sa vingtième année, fut-il de plein droit saisi de
« la régence? Non, elle ne lui fut confiée que deux ans après
« par les États généraux convoqués à Paris....

« Si des monuments aussi authentiques rendent incontes-
« table l'autorité des États généraux, si des raisons aussi fortes
« l'appuient, pourquoi hésitez-vous à disposer du conseil de
« la régence, à l'organiser, à en nommer les membres, à ré-
« gler ses pouvoirs et à y mettre toute votre application et tous
« vos efforts, puisque la puissance et le bien de l'État en dé-
« pendent? Qui tient ainsi vos têtes penchées vers la terre,
« vos volontés captives, vos langues muettes? *N'êtes-vous pas*
« *convoqués en vertu des lois fondamentales du royaume, pour*
« *parler librement et pour manifester vos vœux sur tout ce qui a*
« *rapport au bien de l'État, sous la seule inspiration de Dieu et*
« *de vos consciences?* Pourquoi donc négligeriez-vous de pour-
« voir vous-mêmes à une institution qui est le fondement et
« la source de toutes les autres, et sans laquelle vos conseils,
« vos résolutions et vos demandes resteraient sans effet?...

« Reprenez donc confiance en vous-mêmes, soyez soutenus
« par cette grande et ferme espérance, par cette énergie d'in-

« dépendance et par cette inébranlable vertu qui ne doivent
« jamais abandonner de dignes représentants de la nation, et
« qui doivent les élever au-dessus de toutes les considérations
« et de tous les périls ; NE PERMETTEZ PAS QUE CETTE LIBERTÉ
« DES ÉTATS GÉNÉRAUX, DONT VOS PÈRES ONT SI PUISSAMMENT
« DÉFENDU L'INVIOLABLE DÉPÔT, périsse par votre mollesse ;
« ne vous montrez pas inférieurs à eux, et ne souffrez pas que
« la postérité vous accuse d'avoir mal usé, dans l'intérêt de la
« France, du pouvoir qui vous appartient, et d'avoir préféré
« un opprobre éternel à la gloire qui était réservée à vos tra-
« vaux. »

Celui qui parlait ainsi était gentilhomme, chevalier de la Toison d'or et de Saint-Michel, chambel-
lan, grand sénéchal ; il avait été gouverneur du
comte de Charolais et du jeune roi Charles VIII. On
voit que non-seulement le tiers, mais la noblesse,
savaient défendre les institutions et les vieilles libertés nationales.

NOTE XX.

Voici comment M. Ed. Laboulaye, de l'Institut,
a raconté le fait à ses nombreux auditeurs du Col-
lége de France :

« La loi salique, cette loi qui interdisait aux femmes de suc-
« céder au trône, n'était qu'une tradition, mais ce n'en était
« pas moins une loi fondamentale, et quand on demandait à
« Jérôme Bignon où elle était écrite, il répondait : « ès cœurs
« des Français. » Une autre loi moins connue était celle qui
« déclarait qu'en cas de vacance du trône, le droit de défé-
« rer la succession appartenait à la nation. Sans doute il y
« avait des lois où était affirmé le caractère divin de la royauté,
« mais *jamais la maison de France n'a prétendu qu'elle régnait*
« *par droit de conquête ou par un droit supérieur à celui de la*

14

« *nation.* Elle se considérait au contraire comme ayant été
« choisie par le peuple français ; c'était une espèce de pacte
« fait entre une famille et un peuple qui devait durer autant
« que cette famille elle-même. Mais si cette famille venait à
« s'éteindre, appartenait-il au dernier roi de désigner son suc-
« cesseur? Nos rois ne l'ont point pensé. Nous avons sur ce
« point un document des plus curieux. C'est le discours que
« tint Louis XV au Parlement, à propos de la déclaration de
« Louis XIV que les princes légitimés auraient succession au
« trône dans le cas où la maison de France viendrait à s'é-
« teindre.

« Nous espérons, dit-il, que Dieu qui conserve la maison
« de France depuis tant de siècles.... ne lui sera pas moins
« favorable à l'avenir, et que la faisant durer autant que la
« monarchie, il détournera, par ses bontés, le malheur qui
« avait été l'objet de la prévoyance du feu roi. Mais, si la
« nation française éprouvait jamais ce malheur, *ce serait à*
« *la nation même qu'il appartiendrait de le réparer par la*
« *sagesse de son choix.* Et puisque les lois fondamentales de
« notre royaume nous mettent dans une heureuse impuis-
« sance d'aliéner le domaine de notre couronne, nous nous
« faisons gloire de reconnaître qu'il nous est encore moins
« libre de disposer de notre couronne. Nous savons qu'elle
« n'est à nous que pour le bien de l'État, et par conséquent
« l'État seul aurait droit d'en disposer.... Nous croyons donc
« devoir à une nation si fidèlement et si inviolablement atta-
« chée à la maison de ses rois la justice de ne pas prévenir
« le choix qu'elle aurait à faire... notre intention étant de la
« conserver dans tous ses droits en prévenant même ses vœux. »

(*Bulletin des cours littéraires,* 3 juin 1865.)

Mᵍʳ Latil ne le comprenait pas autrement quand
il adressait à Charles X, le jour de son sacre, les
paroles suivantes : « Sire, ce n'est point l'onction
« que nous répandons sur vous qui vous confère
« aucun droit sur la couronne ; *ce droit, vous le tenez*
« *de vos ancêtres* ET DES ASSEMBLÉES NATIONALES. »

NOTE XXI.

Voici les aveux de la *Cronaca-Bucca*, l'un des journaux les plus acharnés contre la papauté et le clergé italien :

« Confessons-nous. Quels sont nos plus cruels ennemis?
« Qui a fourni au monde le droit de nous jeter le ridicule et
« la honte à la face? Pour l'amour du ciel, ne parlons pas
« d'étrangers, de réactionnaires et de prêtres. Ce sont là les
« déclamations des journalistes, peintes à la détrempe, drama-
« turges d'actualités, chercheurs d'effet. Ce sont les lieux
« communs dont on larde les discours de ceux qui, le mot du
« peuple à la bouche, cherchent à gagner de droite et de
« gauche un grain de popularité. Ce sont des choses de rebut.
« Soyons logiques et francs. Il en est temps. Nous avons fourni
« les raisons et les armes au ridicule, à la honte, à l'avilisse-
« ment, au mépris dans lesquels l'Italie est tombée. Nous
« l'avons prise dans un état de prospérité et l'avons réduite à
« l'état présent, qui se résume par *dettes, discrédit* et *ruines* à
« l'intérieur; dettes, discrédit et *honte* à l'extérieur. »

Cet article de la *Cronaca-Bucca* a été immédiatement reproduit par l'*Union* du 8 avril 1868.

NOTE XXII.

Voici la lettre de Garibaldi à laquelle il est fait allusion :

« Au nonce du Pape, à Montevideo.

« Ceux qui vous écrivent sont ceux-là mêmes, très honoré
« seigneur, qui prirent les armes à Montevideo pour une cause
« dont vous reconnaissez la justice. Pendant les cinq ans que
« dura le siége de cette ville, chacun de nous a donné plus
« d'une fois des preuves de résignation et de courage. Grâce à
« la Providence, grâce à l'antique esprit qui anime encore

« notre sang italien, notre légion a eu diverses occasions de se
« distinguer ; et, chaque fois que ces occasions s'offrirent, je
« puis le dire sans vanité, elle a surpassé de beaucoup, au
« chemin de l'honneur, tous les autres corps qui rivalisaient
« avec elle.

« Or donc, si des bras qui ont quelque pratique du maniement
« des armes *sont agréables à Sa Sainteté,* il est inutile de dire
« *que nous nous consacrerons avec une plus grande joie que jamais*
« *à celui qui a déjà tant fait pour la patrie et pour l'Église;*
« *nous nous estimerons heureux de prêter un humble appui à*
« *l'œuvre de délivrance commencée par Pie IX,* nous et nos com-
« pagnons, au nom desquels nous parlons, et nous ne croirons
« pas payer trop cher cette œuvre, *fût-ce au prix de tout notre*
« *sang.* Si vous croyez, très honoré seigneur, que notre offre
« puisse être agréée du Souverain-Pontife, *veuillez la déposer*
« *au pied de son trône.*

« Montevideo, 20 octobre 1847.

« J. GARIBALDI. »

Cette lettre a été publiée en 1866 par M. Charles
Garnier, dans son *Mémoire sur le royaume des Deux-
Siciles,* p. 154, et n'a point été démentie.

NOTE XXIII.

Extrait de la Revue du monde catholique *du 25 septembre 1868.*

« A l'heure où nous écrivons, des protestants et des catho-
« liques anglais appellent la régénération sociale par la justice
« et les lois divines, sous la sanction, l'interprétation et l'ap-
« plication du pontife romain. Ils demandent en particulier
« que le Pape définisse, à l'occasion du Concile, les principes
« qui distinguent la guerre légitime de la guerre illégitime.
« En un mot, c'est de Rome qu'ils attendent l'inauguration de
« la paix sociale et l'avénement du monde nouveau.
« Cette pétition ne révèle-t-elle pas le travail latent qui
« s'opère dans les esprits, et le besoin d'unité qui pousse même

« les hommes d'une communion différente à se tourner vers
« Rome, tabernale de l'Eucharistie sociale ?

« Oscar Havard. »

NOTE XXIV.

Mgr de Ségur, qui, comme évêque, étudie la Révolution principalement au point de vue de la religion, explique très bien cette progression de l'esprit
de la Révolution si malheureusement substitué à
l'esprit de 89 :

« Prise dans son sens le plus général, la Révolution est la
« révolte érigée en principe et en droit. Ce n'est pas seulement
« le fait de la révolte : de tout temps il y a eu des révoltes ;
« c'est le droit, c'est le principe de la révolte devenant la règle
« pratique et le fondement des sociétés, c'est la négation sys-
« tématique de l'autorité légitime, c'est la théorie de la ré-
« volte, la consécration légale du principe même de toute ré-
« volte ; ce n'est pas non plus la révolte de l'individu contre
« son supérieur légitime, cette révolte s'appelle tout simple-
« ment désobéissance ; c'est la révolution de la société en tant
« que société : le caractère de la Révolution est essentiellement
« social et non pas individuel.

« Il y a trois degrés dans la Révolution :

« 1° La destruction de l'Église, comme autorité et société
« religieuse, protectrice des autres autorités ; à ce premier
« degré qui nous intéresse directement, la Révolution est la
« négation de l'Église érigée en principe et formulée en droit ;
« la séparation de l'Église et de l'État dans le but de décou-
« vrir l'État et de lui enlever son appui fondamental.

« 2° La destruction des trônes et de l'autorité politique légi-
« time, conséquence inévitable de la destruction de l'autorité
« catholique. Cette destruction est le dernier mot du principe
« révolutionnaire de la démocratie moderne et de ce que l'on
« appelle aujourd'hui la *souveraineté du peuple.*

« 3° La destruction de la société, c'est-à-dire de l'organisa-

« tion qu'elle a reçue de Dieu ; en d'autres termes, la destruc-
« tion des droits de la famille et de la propriété, au profit
« d'une abstraction que les docteurs révolutionnaires appellent
« l'État. C'est le *socialisme,* dernier mot de la révolution par-
« faite ; dernière révolte, *destruction du dernier droit.* A ce
« degré, la Révolution est, ou plutôt serait la destruction to-
« tale de l'ordre divin sur la terre, le règne parfait de Satan
« dans le monde. »

(*La Révolution,* par Mgr de Ségur, p. 10, 11 et 12)

NOTE XXV.

On ne se fait pas une idée de l'enthousiasme qui
accueillit, en 1814, le retour des Bourbons.

« Il semblait que la France et l'ancienne royauté s'adres-
« sassent ces paroles Nous avons cherché le bonheur les uns
« sans les autres ; nous avons marché à travers le sang et les
« ruines. Réconcilions-nous et soyons heureux en nous fai-
« sant des concessions réciproques. »

(Thiers, *Histoire du Consulat et de l'Empire,* t. XVII,
p. 820.)

« Le retour des Bourbons produisit en France un enthou-
« siasme universel : ils furent accueillis avec une effusion de
« cœur inexprimable ; *les anciens républicains partagèrent sin-*
« *cèrement* les transports de la joie commune. Napoléon les
« avait particulièrement tant opprimés, toutes les classes de la
« société avaient tellement souffert, qu'il ne se trouvait per-
« sonne qui ne fût réellement dans l'ivresse. »

(Carnot, cité par de Châteaubriand dans les
Mémoires d'outre-tombe, t. III.)

« La Restauration apportait pour la seconde fois à notre pays
« une chance inestimable pour concilier les principes et les
« intérêts de la Révolution avec le maintien de cette antique

« et glorieuse maison de France, qui était encore entourée
« d'assez grands souvenirs pour déjouer toute compétition, *et*
« *placée assez haut pour affronter sans peur le mouvement* des
« institutions libres. On eût dit qu'une dernière faveur du
« sort offrait à la France une revanche du grand échec de 1789
« et la faculté inespérée de reprendre cet admirable ouvrage,
« au moment précis où le désordre intérieur et la guerre l'a-
« vaient malheureusement interrompu. Qui empêchait de con-
« sidérer tout ce qui était arrivé depuis les derniers jours de
« la Constituante comme un mauvais rêve, heureusement dis-
« sipé par le retour de la lumière? Qui empêchait de l'effacer
« des cœurs, sinon de l'histoire, et d'en garder seulement
« l'expérience, fruit précieux et chèrement payé d'une si
« cruelle leçon? Hélas! c'est l'espoir même de cette réconcilia-
« tion entre la monarchie et la Révolution française qui était
« un rêve; et l'on voit une fois de plus l'obstination des pré-
« jugés et l'amertume des ressentiments l'emporter sur les
« conseils de la plus simple sagesse. »

(La France nouvelle, par Prévost-Paradol,
p. 310 et 311.)

MM. Thiers, Carnot et Prévost-Paradol ne sont
certainement pas des autorités suspectes.

NOTE XXVI.

À cette question que se pose Proudhon: Le principe dynastique a-t-il quelque chance de se relever?
il répond :

« Il est certain que la France n'a pas cru jusqu'ici que liberté
« et dynastie fussent choses incompatibles. L'ancienne mo-
« narchie en convoquant les États généraux engagea la Ré-
« volution; la constitution de 1791, les chartes de 1814 et de
« 1830 témoignent du désir qu'avait le pays de concilier le
« principe monarchique avec la démocratie. La popularité du
« premier Empire fournit un argument de plus à cette thèse,

« la nation trouvait à cela toutes sortes d'avantages : on con-
« ciliait, semblait-il, la tradition avec le progrès ; on satisfai-
« sait aux habitudes de commandements, au besoin d'unité ;
« on conjurait le péril des présidences, des dictatures, des
« oligarchies. Lorsqu'en 1830 Lafayette définissait le nouvel
« ordre de choses, *une monarchie entourée d'institutions républi-*
« *caines,* il concevait ce que l'analyse nous a révélé, *l'identité*
« *de l'ordre politique et de l'ordre économique;* la vraie politique
« consistant dans la balance des forces et des services, on se
« plaisait à voir une jeune dynastie tenir cette balance et en
« garantir la justesse.

« Sans doute l'alliance du principe dynastique avec la liberté
« et l'égalité n'a pas produit en France le fruit qu'on en atten-
« dait, mais ce fut la faute du fatalisme gouvernemental,
« *l'erreur fut ici* commune aux princes et à la nation. Bien
« plus, quoique les partis dynastiques se soient montrés,
« depuis 1848, peu favorables à la Révolution, la force des
« choses les y ramène ; et comme la France, dans toutes ses
« fortunes, a toujours aimé à se donner un premier, à marquer
« son unité par un symbole, il y aurait peut-être exagération
« à nier la possibilité d'une restauration dynastique. Que de
« républicains nous avons entendus dire : Celui-là sera mon
« prince qui arborera la pourpre de l'égalité ! et ce ne sont ni
« les moins purs ni les moins intelligents. » Et Proudhon
continue ainsi : « Toutefois, il faut convenir que les symp-
« tômes n'indiquent pas une restauration prochaine. Et ce
« qui donne lieu de croire que le principe dynastique est au
« moins ajourné, si même il n'a fait son temps, c'est que les
« prétendants et leurs conseils n'ont pas cœur à la chose.
« Après vous, messieurs, semblent-ils dire aux démocrates.
« *Or, après la démocratie, il ne restera guère à glaner aux*
« *dynastiques.* »

(De la justice dans la Révolution et dans l'Église.
p. 512 et 513.)

NOTE XXVII.

Relevé chronologique des États généraux depuis 1302 sous Philippe le Bel jusqu'à 1626 sous Louis XIII.

Philippe le Bel..........	1302 / 1308 / 1313 / 1314
Louis le Hutin..........	1315 / 1316-1317 / 1317
Philippe le Long........	1321 / 1328
Philippe de Valois.......	1328 / 1329 / 1332 / 1336 / 1339 / 1345 / 1346
Jean le Bon	1350 / 1355 / 1356 / 1357 / 1359
Charles V.............	1367 / 1369 / 1370
Charles VI............	1380 / 1381 / 1385 / 1410 / 1413 / 1420

Charles VII.............	1425
	1428
	1433
	1439
	1440
Louis XI...............	1464
	1466
	1468
Charles VIII............	1483
Louis XII.........	1505
	1506
	1507
François Ier.............	1526
Henri II...............	1558
Charles IX.............	1560
	1561
Henri III..............	1576
Henri IV..............	1588
	1593
	1596
Louis XIII.............	1614
	1626

Il n'y eut pas d'autre réunion des États généraux jusqu'en 1789.

NOTE XXVIII.

Berryer, qui était à la fois un grand orateur et un grand citoyen, comprenait bien comme nous l'union de la liberté et de la légitimité, et il pressentait sûrement ce terme de toutes nos luttes quand il écrivait au comte de Chambord, la veille de sa mort, cette lettre admirable :

« O Monseigneur ,

« O mon roi, on me dit que je touche à ma dernière heure.
« Je meurs avec la douleur de n'avoir pas vu le triomphe de
« vos droits héréditaires, consacrant l'établissement et le
« développement des libertés dont notre patrie a besoin.
« Je porte ces vœux au ciel pour Votre Majesté, pour Sa
« Majesté la reine, pour notre chère France.

« Pour qu'ils soient moins indignes d'être exaucés par Dieu,
« je quitte la vie armé de tous les secours de notre sainte
« religion.

« Adieu, Sire, que Dieu vous protége et sauve la France.

« Votre dévoué et fidèle sujet,

« Berryer.

« 18 novembre 1868. »

FIN.

TABLE

—

www.ingramcontent.com/pod-product-compliance
Lightning Source LLC
Chambersburg PA
CBHW030314220326
41519CB00068B/2453